트라이앵글의 심리

트라이앵글의 심리

피해자
가해자
방관자의 마음으로 읽는
학교폭력

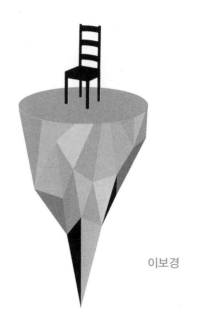

이보경

양철북

우리가 정말 알고 있었던 걸까

경기도교육연구원의 오 교수님께 전화를 받았다. 학교폭력 예방에 대해서 연구를 하고 있는데, 여러 분야의 사람들을 인터뷰하다가 나에게까지 온 듯했다. 예전에 출간했던 《평화로운 학교 만들기》를 읽고 다른 책과 느낌이 좀 남달라서 전화를 한다는 듣기 좋은 말씀이었다. 그런데 일면식도 없는 그분과 학교폭력에 대해 이야기를 하다가 예리한 질문을 받았다.

"선생님, 도대체 어떻게 하면 학교폭력이 사라질까요? 선생님으로서 가장 중요한 것 한 가지를 말씀하신다면?"

초등 교사로 23년간 아이들을 만나고, 학교폭력 업무도 담당해 보았으며, 관련된 책도 썼다. 또 사범대 학생들에게 학교폭력 예방 강의를 하는지라 충분히 대답할 만한 질문이었다. 하지만 왜 그런지 이 질문을 듣는 순간 내 답은 "글쎄요……"였다. 많은 원인과 방법, 이론에 대해서 공부를 해 왔지만, 그야말로 본질에 대한 나 나름의 성찰이 필요하다는 생각이 들었다. 당황스러움과 더불어 묘하게도 지적인 도전의식, 책임감이 느껴졌다. 그리고 그 답을 이제야 이 책에 담는다.

학교폭력이라는 거대한 생활교육상의 난제를 해결하기 위해 우리는 무엇을 해 왔을까? 예방과 대처라는 두 가지 면에서 많은 책들과 논문들이 쏟아져 나왔다. 그만큼 많은 연구자들이 이 문제를 고민하고 있는 것은 틀림없다. 그러나 정작 '근본적인 탐색'에 대해서는 우리가 등한시해 오지 않았나 하는 생각이 든다. 문제가 터졌을 때 어떤 매뉴얼로 어떤 법적인 절차를 따라야 하는지에 대해서는 많은 곳에서 제시하고 있다. 그러나 괴롭힘이나 청소년 간 폭력 사건에서 진정한 해결과 회복이란 무엇인지에 대해서는 논의가 부족하다. 무엇보다 그 사건이 어떤 이유로 발생했는지, 더 나아가 학생들이 왜 그렇게 공격적이고 비합리적으로 행동하는지에 대한 고민조차 부족하다.

지금 이 순간에도 나처럼 학교폭력을 막기 위한 이야기를 쓰고 있는 연구자들이 있을 것이다. 아마도 매뉴얼을 제시하는 백과사전 같은 책과 생생한 현장을 보여 주는 책으로 나눌 수 있을 것이다. 매뉴얼과 같은 책은 교육부에서 워낙 탄탄하게 나오기 때문에 혹시라도 관련되거나 담당자가 된 사람이라면 〈학교폭력 예방 및 대책에 대한 법률〉을 참고로 해마다 조금씩 수정되어 나오는 자료들을 찾아보면 된다. 생생한 현장의 이야기는 그 자체에서 얻는 공감과 교훈이 있어 가끔씩 울림을 얻기도 한다(답답함과 더불어 그래서 어쩌란 말인가, 더 고민하게 만들기도 한다).

문제는 이런 두 방향은 생활교육상의 '전이'가 어렵다는 점이다. 따라서 아이들의 폭력에 대한 깊은 논의가 필요하다. 이 이해가 괴롭힘과 따돌림을 대하는 올바른 태도를 갖게 해 줄 것이며, 그래야 대책도 예방도 더 탄탄해질 수 있다.

이 책은 학교폭력의 근본 원인과 해결 방향에 대한 이야기다. 이미 나와 있는 책들과 다른 것은 다양한 자료를 수집해 풀어놓는 백과사전식 논의나 설명이 아니라 내 경험을 바탕으로 내 생각을 쓴 책이라는 점이다. 따라서 주관적이다. 다소 무책임하게 들리겠지만, 우리에게 절대적으로 객관적인 진리란 애초에 불가능하다. 단지 더 받아들여지고 공감되는 것이 있을 뿐. 이러한 소박한 목적으로 글을 썼다.

학교폭력이라는 주제를 가지고 체계적으로 논의해 보고 싶었고, 나 스스로가 학교폭력의 본질에 대해서 깊이 생각하려고 애썼다. 이 모든 것은 다양한 학교폭력 사안들이 형식적으로 봉합되어버리고 교육부에서 내놓는 대책들이 학교에 와서는 공허하게 되어버리는 현실, 모두가 피해자가 되어버리는 지금의 상황이 답답해서다.

1부 '탐색: 가끔은 이해할 수 없는 인간의 본성'에서는 학생 간의 폭력을 심리학에서 밝혀낸 우리 인간의 본성과 연결하여 풀어냈다. 그러다 보니 방관자나 피해자의 입장보다는 가해자의 입장에서 더 많이 이야기한 듯하다. 가해자가 없으면 사건도 없다. 가해학생들의 심리를 깊이 이해하는 것이 아이를 키우거나 교육하는 사람들에게는 정말 필요하다. 주로 인간의 본성, 환경의 영향, 학습의 영향, 집단 속에서의 역동이라는 사회심리학의 입장에서 접근했다. 각 주제마다 교사 생활에서 겪은 여러 경험들을 붙잡아 이해를 돕고자 했다.

2부 '흐름: 우리가 하지 않은 질문, 듣지 않은 이야기'에서는 학교폭력 관련 학생들을 나누어서 피해, 가해, 방관 학생들의 입장에 대한 근본적인 이해를 돕고자 노력하였다.

먼저 피해자의 이야기다. 피해자의 입장, 피해자가 될까 봐 두려운 아이들의 심리, 상처 입는 아이들을 위해 어른들이 무엇을 해야 하는지 생각해 보았다. 학교폭력이 일어났을 때 가장 소외받기 쉬운 대상이 피해학생이다. 아이러니하지만 주변에서 더 관심을 받고 더 많은 개입이 이루어지는 대상은 가해학생이다. 피해학생은 집 안에 틀어박혀 스스로 유폐되거나 잔인하게 아이들의 호기심 어린 눈길을 받으며 간신히 학교를 다니면서 또 다른 피해를 입기도 한다. 누구나 피해자가 될 수밖에 없는 지금의 상황에서 무엇을 교육해야 하는지 고민해 보았다.

다음은 가해자에 대한 논의다. 가해자는 가해 행동을 정말로 즐기는 걸까, 왜 가해 행동을 할까, 그들에게 진정한 반성은 무엇이고 어떻게 이끌어 내야 하는가, 개입의 방향은 어떠해야 하는지 제시하였다. 보호관찰소에서 다양한 비행청소년들을 만나 상담하면서 겪은 일들이 이렇게 사례로 쓰일 줄 몰랐다. 상담하면서 신뢰를 쌓는 데 1년이나 걸린 아이들도 있었지만, 당시 초보 상담자로서 기술보다는 인내와 열정을 가지고 4년 동안 만났던 아이들 이야기가 주로 쓰였다.

마지막은 학교폭력 해결의 열쇠라고 여겨지는 방관자들에 대한 이야기다. 학교폭력 사건이 터졌을 때 상처를 받는 것은 피해학생만이 아니다. 방관하는 학생들 또한 피해학생 못지않게 상처를 받는다. 아니면 학교폭력을 겪으며 숨겨진 공격성을 드러내는 아이들도 있다. 상처받고 있는 다수의 아이들, 그럼에도 아이들이 방관하는 이유는 무엇인지 다루었다. 무엇보다 예방을 위해 교사가 어떤 신념으로 생활교육을 해야 하는지, 그 방법의 방향은 무엇인지 최근 논의되고 있는 회복적 정의에서 생활교육과 서클의 기본을 다루었다.

주관적이지만 그럴 수도 있구나, 그렇구나 하고 고개가 끄덕여지는 글로 같이 이야기해 보고 싶다.

나에게 영감을 준 많은 사람들, 만나고 헤어지며 인연을 맺었던 모든 동료 교사와 친구들에게 감사하다. 이화여대에서 학교폭력 예방 강의를 하며 학교폭력에 대해서 계속 고민하고 연구할 수 있도록 기회를 주신 오인수 교수님께 감사드린다. '학교폭력'이 아닌 '학생폭력'이어야 한다며 그것을 글에 쓰라고 주장하는 남편에게도 고맙다. 무엇보다 학교폭력을 더욱 깊이 고민하게 만드는 원동력, 내 삶의 사랑이며 행복인 회윤, 다연이에게 고맙다.

공릉천에서

차례

탐
색 ..

가끔은 이해할 수 없는
인간의 본성

아이들 사이의 괴롭힘이나 따돌림 사건들을 보면 아이들의 행동이 이해되지 않을 때가 많다. "도대체 너희들은 어떤 생각으로 그런 일을 저지른 거니?" 하고 물어보았을 때 아이들은 선뜻 대답하기 어려워한다. "그냥요, 화나는 걸 어떡해요"라고 반항적으로 이야기하지만 실제 본인들도 몰라서 그렇게 대답하는 경우가 많다. 자신의 감정을 들여다볼 기회가 거의 없었기 때문이다. 모든 불편한 상황을 "짜증 나요" "아이 참, 몰라요"로 일축해버리는 아이들. 자신의 감정을 깊이 바라보는 것에 익숙하지 않은 아이들이기에 관계가 부실한 것은 어찌 보면 당연하다.

이 점에서 아이들 사이에 일어나는 따돌림, 괴롭힘, 공격성, 폭력의 감정적 구조를 발견하는 것이 쉬운 일은 아니다. 그럼에도 우리는 우리를, 아이들을 이해하려고 노력해야 한다. 왜냐하면 지금 여기에서 나와 함께 있는 아이들이 이해할 수 없는 행동으로 상대방을 공격하고 공격을 당하며 또 그것을 그냥 지켜보고 있는 상황을 모른 척 넘길 수는 없기 때문이다. 안타까움과 분노, 답답함에 한 번에 해결할 무엇인가가 없을까 공상처럼 꿈꾸기도 한다. 또한 그것이 불가능할 수도 있음을 느끼기에 더욱 좌절스럽다. 그럼에도, 괴롭힘과 폭력을 해결하기 위해 끝을 알 수 없는 싸움을 계속해야 하는 것에 고단함마저 느낀다.

　이 싸움의 본질적 해결은 학교폭력과 관련된 인간의 본성에 대한 깊이 있는 탐색이다. 당장 불을 꺼야 한다며 해결책을 찾으려고 애쓰지만, 아이들의 심리 특성을 이해하는 것이 먼저다. 깊은 이해 없이 행동을 고치려고 한다면, 잠깐 동안 행동을 멈출 순 있어도 결국엔 반복될 수밖에 없기 때문이다. 아울러 학교폭력을 인성 나쁜 아이들의 행동 정도로 생각하며 의미 없는 캠페인 활동을 펼치는 것만으로는 '무엇인가 했다'라고 어른들 스스로 위안으로 삼을 수는 있겠지만, 아이들에게는 껍데기 교육일 뿐이다. 그 속에서 아이들은 방치되고 더욱 상처받을 뿐이다.

《파리대왕》
상황에 따라 잔인해지는 아이들

    우리 인간은 왜 이렇게 잔인할까? 오랫동안 품어 온 생각에 진화학 입장에서 혜안을 주는 글을 읽은 적이 있다. 이스라엘의 역사가 유발 하라리(Yuval Noah Harari)에 따르면 우리 인간은 원래 잔인한 종족이다. 그는 '호모 사피엔스'가 오늘날까지 살아남은 것은 호모 사피엔스 자체의 인지 혁명(상상력을 포함한)과 잔인함 때문이라고 말한다. 호모 솔로엔시스, 호모 데니소바, 네안데르탈인 같은 다른 종족들을 다 죽이고 그들을 배신하면서 살아남은 존재가 지금의 인류라는 것이다.

    관용은 사피엔스의 특징이 아니다. 현대의 경우를 보아도 사피엔스 집단은 피부색이나 언어, 종교의 작은 차이만으로도 곧잘 다른 집단을 몰살하지 않는가. …… 사피엔스가 네안데르탈인과 마주친

결과는 틀림없이 역사상 최초이자 가장 심각한 인종 청소였을 것이다._유발 하라리, 《사피엔스》

따라서 우리가 지금 '인간'이라고 칭하는 우리 종족의 잔인함에 새삼 경악할 필요는 없다. 우리가 순수하다고 생각하는 아이들의 최근 행태도 마찬가지다.

다행인 것은 악함만큼 선함도 우리 내면에 존재한다는 것이다. 그리고 다양한 도덕성 탐구 실험에서 인간은 자신의 비도덕적 행동을 수치스러워하며, 선함에 매력을 느끼고 '선을 지향하는' 본능을 가지고 있다니 더더욱 다행이다. 따라서 선함을 지향하는 인간의 본능을 믿고 본래의 선함을 끌어내 악의 발현을 잠재우는 것이 교육과 종교의 사명일지도 모르겠다. 내 짧은 식견으로 왜 인간이 그토록 잔인한지 오랫동안 생각해 오면서 진화학의 입장도 일리가 있다는 생각을 하게 된다. 이것이 기독교에서 말하는 원죄를 의미하는지, 그래서 인간은 본래 악하다는 성악설에 좀 더 무게가 실리는 것인지 여전히 고민스럽기는 하다. 그래도 판도라의 상자 맨 밑에 웅크리고 있는 '희망'처럼, 그럼에도 우리 인간은 처음과 끝에서 선을 추구하고 선택할 것이라는 믿음을 버리고 싶지 않다.

하지만 갈수록 잔인해지는 아이들을 보면서 그 특성이 어떤 상황에서 더 촉발되는지 깊이 이해할 필요가 있다는 생각을 하게 된다. 문학작품에는 인간의 숨겨진 잔인함이 어떤 상황에서 드러나는지를 그린 작품이 많은데, 윌리엄 골딩(William Golding)의 《파리대왕》은 아주 강렬한 인상과 여운을 준다.

대학교 1학년 때 우연히 이 작품을 읽고 나서 참으로 우울했다. 순수한 소년들이 섬에 갇혀 지내면서 그때껏 교육받았던 인간다움의 교육을 뒤엎고 얼마나 잔인해질 수 있는지를 생생하게 보여 주었다. 작품에서 파리대왕은 '곤충의 왕'을 의미하며 부패, 타락, 공포를 상징한다. 만 다섯 살에서 열두 살 사이의 소년들이 태평양의 한 무인도에 불시착해 함께 생활하면서 겪게 되는 갈등과 인간성을 상실해가는 과정이 섬뜩하게 담겨 있다.

순수하다고 하는 아이들이 고립된 상황에서 얼마나 잔인해질 수 있는지, 얼마나 폭력적으로 변할 수 있는지를 사실적으로 보여 주는 이 작품을 보면 인간의 이성과 야만의 본성이 어떻게 드러나는지를 알 수 있다. 문명과 이성을 상징하는 '랠프'와 야만과 본능을 상징하는 '잭'의 대립 관계 속에서 우리는 인간의 내면에 잠자고 있는 잔인함과 악마성이 다양한 상황에서 드러나는 암울함과 마주한다. 아이들이 권력을 놓고 갈등하는 과정에서 작은 일탈이 슬며시 생겨나는데, 이것이 어느덧 규칙과 이성을 무너뜨리고 결국 인간다움을 잃어버리게 만든다. 유언비어로 퍼지는 공포 속에서도 마지막까지 이성을 지키고자 했던 친구를 사냥감으로 삼아 살해할 때는 아찔함마저 느꼈다. 간신히 도망친 랠프까지 살해하려고 그가 숨어 있는 산에 불을 지른다. 그러나 천만다행으로 숲이 불타면서 생긴 연기가 조난의 신호가 되어 해군이 아이들을 발견하게 되는데, 어른들을 본 순간 모든 아이들은 꿈에서 깨어나듯 눈물을 흘린다.

아이들의 집단 폭력은 어떻게 생성되고 유지될까? 소설에서는 '괴물이 산다'는 공포심이 촉발제가 되어 아이들 가운데서도 잔인한 폭력배들이 무리를 이루게 된다. 우리나라 설화나 민담에도 폐쇄된 마을이나 섬에 사는 사람들이 알 수 없는 공포감을 조성하고 이미지화하면서 결국은 그 공포의 대상을 신격화하여 섬기는 경우가 있다. 커다란 구렁이나 지네, 바다의 용왕님으로 이미지화해 처녀나 아이를 바치는 비인간적이고 폭력적인 행위가 일어나기도 한다. 이것은 결국 권력자들이 공포를 이용해 통치하는 수단이 된다.

이러한 비인간적인 행위들은 우리 학교 사회에서도 일어난다. 아이들은 다양한 공포, 특히 '친구가 하나도 없으면 어쩌나' '이상한 존재로 찍히면 어쩌나' 하는 두려움과 불안에 시달린다. 이런 감정은 양심보다 더 강하게 작용하며 자신과 다른 아이들(이를테면 신체, 문화적으로 다른)을 희생양으로 삼아 따돌림과 괴롭힘에 대한 두려움을 투사시킨다. 희생양이 되는 아이는 다 이유가 있어서, 괴롭힘을 받을 만해서 당하는 것이라고 합리화한다. 그러면서 마음속 깊이 '나는 괴롭힘의 대상이 아니다'라며 안심한다. 아웃사이더로 겪게 되는 무시와 자신이 괴롭힘의 대상이 아님을 강조하기 위해 앞에 나서서 괴롭히거나 괴롭힘에 동참하는 추종자가 된다. 그렇지 않으면 방관자가 되어 숨죽이고 지켜본다. 내가 피해자가 될지도 모른다는 두려움을 가지고서 말이다.

내가 대학교에서 가르치던 한 학생(가희)의 경험담은 지금도 기억될 정도라서 소개한다.

두려움이 만든 아이들의 배신

초등학교 1학년 여학생들 간에 집단 괴롭힘이 일어난 적이 있다. 비가 오는 날인데 한 아이가 스웨터 앞에 진흙물이 들어 교실로 들어 왔다. 까닭을 알아보니, 단짝이었던 두 아이 중에 한 아이(소희)가 그 아이(가희)를 뒤에서 밀어 웅덩이에 빠뜨린 어이없는 일이었다. 문제는 그 단짝 친구를 왜 밀었느냐는 것이다.

자초지종을 들어 보니 반에서 힘이 있는 그룹의 아이들이 단짝 중 한 명인 소희를 불러서 "네 단짝(가희)이 너 뒷담화하더라" 하는 헛소문 을 계속 전하면서 불안과 분노를 일으키는 것에서 시작되었다. "그런 나쁜 친구보다는 우리와 함께하면 좋지 않아? 네가 우리 그룹에 들어 오려면 그 친구를 우리가 보는 앞에서 끝장내야 해" 하며 관계를 끝내 도록 유도한 것이다.

하필 그날 비가 왔고, 점심을 먹고 나가 놀다가 웅덩이를 본 순간 아이들의 잔인함이 번득였다. 그룹의 우두머리인 아이가 둘을 불러서 위치를 정해 주고 "너는 너무 싸가지가 없어"라는 말과 함께 소희에게 단짝 친구인 가희를 밀라고 지시한다. 가희의 뒤에 선 소희는 주저주 저했지만 자신도 가희와 같은 꼴이 되지 않기 위해, 이렇게 하는 것이 살아남기 위한 최선이라고 생각했을 것이다. 붉게 달아오른 소희의 얼 굴과 어쩔 수 없는 손길에 가희가 웅덩이로 엎어지면서 둘의 관계는 끝이 났다. 이 과정을 지켜보던 아이들은 쾌재를 부르며 교실로 들어 갔다. 넘어진 가희는 스웨터가 진흙 범벅이 된 것에도 놀랐겠지만, 가장 친한 친구가 자신을 밀고 힘센 그룹과 유유히 사라졌다는 사실이 평생 상처가 되었을 것이다.

이 사건에서 물론 친구를 못 믿은 소희가 문제지만, 나 혼자 남을 수도 있다는 두려움, 한 명뿐이던 친구가 나를 배신할 수도 있다는 불안감이 그동안 쌓아 온 신뢰를 무너뜨릴 만큼 강하다는 것을 알 수 있다. 더구나 잔인한 아이들이 자신들의 유대감을 위해 작정하고 벌인 상황은 마치 거미줄에 걸린 하루살이와 같은 처지라 쉽게 벗어날 수 없었을 것이다.

이 이야기에서 보듯 1학년 아이들도 얼마든지 잔인해질 수 있다. 학교에 있는 아이들이 친구 관계에서 혼자 남을지도 모른다는 공포심을 갖는 것이 《파리대왕》의 '괴물이 산다'는 공포심과 별반 다르지 않아 보인다. 그리고 《파리대왕》에서 잭이 아이들에게 '가면'을 쓰고(얼굴에 기괴한 칠을 해서 자신의 얼굴을 숨기고) 살인을 하도록 부추겼듯이, 이 사례에서는 힘이 있는 아이들이 단짝을 '뒤에서' 밀도록 소희를 부추겼다. 자신을 숨기면 더 용기를 얻어 잔인하게 행동할 수 있다는 것을 그룹의 여학생들은 본능적으로 알고 있었던 것이다. '가면' 뒤에 자신을 숨기고 집단의 힘으로 친구를 살해한 작품 속 소년들의 공포심은 이렇게 학교 사회에서도 나타난다. 누군가에 의해 또는 자발적으로 생겨난 공포심은 어느덧 잔인함으로 바뀌고, 이것이 겉으로 드러나거나 은밀한 괴롭힘으로 진행되는 것이다.

《파리대왕》 작품 속의 무인도라는 공간이 가져온 비극은 오늘날 아이들의 놀이터가 된 사이버 세계에서도 숱하게 일어나고 있다. 법과 규칙, 이성이 사라진 무법의 지대, 더구나 자신을 숨기고 얼마든지 상대를 공격할 수 있는 공간이 사이버, 곧 가상현실의 세계다.

청소년들은 더구나 '정체성 형성'이라는 아주 중요한 발달 과업을 가지고 있다. 내가 누구인지 자신의 관점과 타인의 관점에서 본 내 이미지를 인지하며, 무엇을 하고 살아야 하는지 고민하게 되는 시기다. 바로 이러한 시기에 사이버 공간에서 다양한 가상의 캐릭터가 되어 나를 시험한다. 익명성을 활용해 다양한 모습으로 역할 놀이를 하면서 자신을 탐색해가는 것이다. 특히 공부만 강조하는 사회 분위기, 청소년들이 놀 공간이 절대적으로 부족한 상황에서 사이버 공간은 아이들이 자신을 마음껏 표출하는 즐거운 공간이 되고 있다.

도덕이 사라지는 그곳

2000년 초에 6학년 담임을 했을 때, 우리 반에 무척 얌전하고 성실한 남학생이 있었다. 말할 때 얼굴이 쉽게 빨개지고 열세 살 또래에 비해 상냥하고 부드러운 말투가 특징이라 귀엽기까지 했다. 공부도 잘하는 편이었고 학교생활에도 잘 적응했다. 한 가지 마음에 걸리는 점이 있다면 아버지가 안 계시고 엄마, 누나와 살고 있다는 것이었다. 하지만 겉으로 보기에 해맑은 학생이라 크게 걱정하지 않았다. 그런데 어느 날 그 학생이 일기에 쓴 글을 보고 너무나 큰 충격에 빠졌다.

오늘도 나는 접속을 한다. 참 바보 같다. 내가 6학년인데, 내가 스물한 살 남자 대학생이라고 재미 삼아 얘기했는데, 정말인 줄 안다. 몇 번 거짓말을 하며 이야기를 나누었는데 결국 나와 사귀자고 한다. 맨 처음에는 놀랐고, 그다음에는 거짓말이 늘어서 무서워지기도 했지만 이제는 즐기고 있다. 오늘도 나는 인터넷 여기저기서 남자 대학생 행세를 하며 떠돌고 있다. 언제까지 이렇게 생활해야 할까 고민이다.

내 기억이 온전하지는 않지만 대강 이런 내용이었다. 아이의 고백을 읽으며 어떤 말을 해 주어야 할지 참으로 막막했다. 그럴 것 같지 않은 학생이 사이버 세계에서 어떤 일을 하고 다니는지 알게 되면서 당황스러웠고, 익명성이라는 것이 우리 도덕성의 경계를 어떻게 무너뜨리는지 새삼 놀라웠다.

4차 산업혁명이라 불리는 기술혁명은 가상 정체성을 더욱 활발하게 만들 것이다. 점차 가상현실과 현실의 경계가 무너지면서 아이러니하게도 가상 세계에서의 정체성이 더욱 의미를 갖게 되고, 이러한 분열적인 역할극은 더욱 강화될 수밖에 없다. 가상현실에서 내 캐릭터에 더 몰두하고 더 성실하게 활동하면서 나를 드러내고자 하는 것이다.

이 중에서 청소년들이 한창 빠져 있는 '캐릭터 커뮤니티'는 스토리까지 있으면서 그 역할은 더욱 섬세하게 이루어진다. 캐릭터 커뮤니티에서는 사람들이 어떤 가치관을 정하고 그에 맞는 스토리를 공모해 이야기나 그림을 선정한 다음 채팅 역할극을 해 나간다. 좋아하는 드라마를 지켜보는 시청자가 아니라 내가 직접 그 역할이 되어서 가상현실에서 행동하는 것이다. 내가 좋아하는 캐릭터와 대화를 하고 함께 스토리를 만들어간다면 얼마나 생생하고 신나겠는가? 더구나 시간의 제약도 없다. 자아 정체성에 혼란을 겪는 청소년들이 이러한 역할극에 탐닉하듯 더욱 빠지기 쉽다.

문제는 이런 캐릭터 커뮤니티가 힐링이나 로맨스가 아닌 보다 극적인 이야기를 추구하는 시리어스나 고어물일 경우다. 자극적인 요소에 빠져서 역할에 더욱 집착하고 이러한 가상현실이 현실까지 연결되어 문제가 될 수 있다. 법이나 도덕이 사라진 상황에서 이루어지는 지속적인 캐릭터 이입은 분명 현실 세계에 영향을 줄 수 있다. 더구나 청소년기에는 이성적 판단을 맡은 전두엽이 리모델링되기 시작하고 테스토스테론이라는 남성호르몬이 열 배 증가한다. 이 호르몬이 전두엽을 뒤덮는 상황에서는 중독에 빠질 위험도 더욱 커진다.

2017년 일어난 엽기적인 '인천 초등학생 살인 사건'에서 10대 후반의 김모 양과 공범자인 박모 양의 경우가 그러한 가능성을 시사한다. 현실 세계에서 초등학생을 살해하고 엽기적으로 시체를 훼손한 김양과 손가락을 요구한 박 양은 캐릭터 커뮤니티에서 만났고 서로 '앤오 관계(애인오너)'였다고 한다.

캐릭터 커뮤니티도 일종의 오락이지만, 가상의 모임에서 서로 캐릭터를 정하고 롤플레잉(역할 연기)을 하는 중에 유난히 몰입도가 강한 사람들은 부정적인 영향을 더 크게 받고 중독될 가능성이 높다. 현실에서는 불가능한 성범죄나 살인 들을 '자작 캐릭터 커뮤니티'에서 함께 하면서 짜릿함을 느끼기도 하고, 도덕과 규범에서 벗어난 잔인한 행위 속에서 가치관에 부정적인 영향을 받게 된다. 사회적 학습주의의 대가인 반두라(Albert Bandura)가 발표한 '공격성 학습에 관한 실험'에서도 밝혀졌듯이 미디어를 통한 대리 학습, 관찰 학습의 힘은 생각보다 크다. 더구나 자신이 원하는 스토리 속에서 함께 롤플레잉을 할 때 그 학습의 효과는 실로 어마어마하며 현실 이상의 것으로 발전할 가능성을 결코 무시할 수 없다.

이러한 캐릭터 커뮤니티 활동도 결국은 무인도에서 소년들이 보여 준 도덕의 무너짐, 규범의 상실, 잔인함과 그 실행이라는 점에서 다르지 않다. 물론 힐링 커뮤, 일상 커뮤, 게임 커뮤는 아이들이 팍팍한 삶에서 스트레스를 해소하는 창구가 될 수도 있다. 하지만 시리어스 커뮤, 19금 커뮤, 고어 커뮤, 살인 커뮤에서 자극적이고 비인간적이며 잔인한 롤플레잉을 지속하다 보면, 가상의 현실이 실제 현실보다 더 현실처럼 느껴질 위험이 있다.《파리대왕》의 아이들처럼 규제 없는 무인도에서 가면을 쓰고 저질렀던 일들을 현실로 옮겨 올 가능성을 배제할 수 없는 것이다. 현실이 답답하고 폐쇄적인 경우는 더욱 그러하다.

막막한 무인도에서 '괴물이 있다'는 공포에 사로잡혀 가면을 쓰고 해서는 안 될 짓을 한《파리대왕》속 아이들과, 권력 구도가 치밀하게 형성되어 있는 교실 환경에서 괴롭힘의 대상이 될까 봐 불안해하며 그 대상이 되지 않기 위해 다양한 역할로 사는 대한민국 학생들이 기막히게 대구를 이룬다는 생각이 든다. 이러한 불안 속에서 싹튼 잔인함이 가상현실을 떠돌며 도덕적 해이와 결합되면서 더욱 강화되고 있는 현실을 우리 어른들이 경각심을 가지고 지켜보아야 할 것이다. 정체를 알 수 없는 괴물에 시달리던 소년들이 안락한 침대와 아버지의 손길을 그리워했다는 것도 잊지 않아야 할 것이다.

어른들이 없는 소년들의 세계 무인도. 이제 《파리대왕》의 영역은 가상 세계로까지 뻗어 나가고 있고, 그 세계는 이미 광대해졌다.

두 남자와 장인

배은망덕

《베르나르 베르베르의 상상력 사전》이라는 책에 소개된 프랑스의 희곡 내용을 읽으며 쓴웃음이 나왔던 적이 있다. 인간의 배은망덕을 풍자하는 내용이다.

파리의 부르주아 페리숑은 가족들과 알프스 여행을 떠났다. 페리숑 씨의 딸을 사모하는 '아르망'과 '다니엘'이라는 청년도 동행을 하는데, 결국 누구를 사위로 삼느냐는 이야기이다. 아르망은 승마를 하다가 낙마하여 낭떠러지에서 떨어질 뻔한 페리숑을 구했다. 이에 반해 다니엘은 페리숑과 트레킹을 하다가 실족하여 크레바스로 떨어질 뻔한 것을 페리숑이 구했다. 페리숑은 누구를 사위로 삼았겠는가? 우리의 예상과 달리 그는 자기를 구해 준 아르망이 아닌 자기가 구한다니엘을 사위로 삼는다.

베르나르는 이 상황을 인간의 열등감이 빚어낸 '배은망덕'이라고 보았다. 세상에는 남에게 도움을 받고 고마워하기는커녕 도와준 사람을 미워하는 사람들이 생각보다 많다는 것이다.

나도 교사 생활을 하면서 동료들을 도와준 적이 종종 있다. 솔직히 도와주면서 관계가 돈독해질 거라는 생각도 있었고, 학교에서의 역할에 대한 책임, 상담을 전공했으니 도와주고 싶다는 순수한 의도도 있었다. 가장 흔한 일이 교실에서 교사에게 막무가내로 대드는 아이들을 분리시켜 학부모와 학생, 교사 상담을 거쳐 아이가 학교에 적응할 수 있도록 돕고 관계를 개선하도록 돕는 일이다. 동료들 대부분은 무척 고마워한다. 그러나 어떤 교사들은 '그 선생이 아니었으면 그냥 지나갈 일을 들쑤셔 놔서 너무 힘들었다'고 말하고 다니는 통에 사람들이 나에 대한 편견을 갖는 경우도 있었다. 나중에서야 몇몇 교사들이 "그 선생님이 그렇게 말해서 선생님이 그런 사람인 줄 알았어요. 그분은 정말 은혜를 모르는 것 같아요" 하고 이야기를 해 주어서 상황을 알게 된 적도 있었다.

내가 사실을 알게 되기 전에 내 뒷담화를 했던 교사들에게서 나를 대하는 미묘한 적대감이나 밀어냄을 느끼며 마음이 답답했고 힘들었다. 이유 없이 따돌림을 당할 때 느끼는 그 마음은 어렸을 때나 어른이 되어서나 마찬가지인 모양이다.

사실 아이들 대부분은 사방팔방으로 도와주어도 문제 행동이 단

기간에 고쳐지지 않는 경우가 많고 상담의 과도기 단계에서 보통은 저항하게 마련이다. 나를 믿어도 되는지 시험을 하는 경우도 있다. 이런 과도기에 "그냥 놔두어도 애가 괜찮아지지 않았을까요? 관리자들이 알게 돼서 나를 어떻게 볼지 걱정도 되고, 그냥 놔두어도 됐을 텐데……" 하며 대놓고 나를 원망하는 교사도 있었다. 심지어는 동분서주 뛰어다니며 간신히 사건이 확대되는 것을 막았는데, 어느 날부터인가 나를 피하는 느낌이 들어 적잖이 당황한 적도 있다.

이런 일을 겪으면 황당하고 억울했다. 처음엔 시간과 에너지를 들여가며 도와준 대가를 이런 식으로 돌려주는 동료 교사들에게 분노했고, 나 자신에 대한 자책 내지는 후회, 답답함, 우울함 같은 다양한 감정을 느꼈다. 그러나 어느 순간 그들의 행동이 이해 못 할 것만은 아니라는 생각이 들었다. 그들의 행동이 바람직한 것은 아니지만, 그들이 나를 볼 때마다 느끼는 감정은 고마움보다는 자신의 열등감, 이를테면 학급의 문제 학생을 잘 다스리지 못했다는 자괴감과 수치심이 더 크게 다가온 것일 수도 있으리라. 교사로서 겪었던 무력감과 자괴감을 나에게 투사한 것은 아니었을까?

페리숑이 아르망에게 느낀 감정도 이와 비슷했으리라 생각한다. 장인으로서 큰소리치고 권위를 내세우며 자존심을 세우기에는 자신의 목숨을 구해 준 아르망보다는 자기에게 도움을 받은 다니엘이 나을 것이다. 아르망을 만날 때마다 느끼는 열등감이 싫어서, 베르나르의 말처럼 빚을 진 기분으로 사는 것이 싫어서 말이다. 더 나아가 자아가 황폐해져 자신을 도와준 사람의 선의를 의심하고 왜곡하며 자신의 배은망덕을 합리화했을 수도 있다. 그래서 인간은 나약한 존재라고 하는 것일까?

학부모와의 관계에서도 이런 경우가 있다. 교사가 큰마음을 먹고 아이의 문제 행동에 대해서 이야기를 꺼냈는데 오히려 '선생님이 우리 아이를 미워한다'며 민원을 제기하는 학부모들이 있다. 그들은 아이의 문제 행동을 느끼고 있었지만 그냥 숨기고 싶고, 아이를 잘못 키웠다는 사실을 인정하고 싶지 않은 마음이 컸을 것이다. 같이 문제를 해결해 아이를 성장시키려는 교사의 마음을 이성적으로는 이해하지만 서운함과 열등감이 너무 커서 교사에게 투사를 하는 것일 수 있다.

특히 힘의 욕구가 강한 사람들, 자존심(자존감이 아니다)이 센 사람들일수록 선의를 베푼 사람을 악인으로까지 만드는 경향이 있다. 이 경우 나를 도와준 상대방이 어떤 분야에서든 나보다 강하다는 것이 불편하고 열등감을 느끼게 하며 자존심 상하게 한다. 물론 선하게 도와준 교사를 악인으로 만들고 획책하는 학부모는 대개 본인의 학창 시절을 투사하여 복수하는 상황이거나 정신적으로 건강하지 못한 것은 사실이다.

아이들 사이에서도 이것은 마찬가지다. 소녀들의 왕따 문제를 다룬 〈우리들〉(윤가은 감독)이라는 영화가 있다. 집안이 가난하고 단지 착하다는 이유로 왕따를 당하는 한 여자아이가 어느 날 우연히 학원에서 울고 있는 같은 반 여자아이를 발견한다. 그 아이는 학급 내 권력 서열 1위 그룹의 여왕벌이었지만 전학생에게 성적 1등 자리를 빼앗기면서 어느 순간 왕따를 당하고 혼자 울고 있었던 것이다. 누구보다 따돌림의 아픔을 아는 주인공은 용기를 내어 1인자였던 그 아이에게 다가가 위로해 준다. 그러면서 전학생의 비밀 몇 가지를 말해 준다. 주인공은 자신을 배신한 전학생에 대한 복수이면서 여왕벌의 신임을 얻을 수 있는 길이라고 생각했을 것이다. 일순간 서로 공감의 마음이 흐르는 듯했다. 하지만 며칠 후, 전학생의 비밀이 학교에 퍼지고 여왕벌은 다시 1위를 탈환한다. 아울러 전학생에게 그 비밀을 알려 준 사람이 주인공이라는 것을 알리면서 둘이 크게 싸우도록 조장하기까지 한다.

자신을 위로해 준 친구에게 하는 행동들을 보면서 '정말 못됐다'는 생각이 들고 인성의 문제를 생각하게 된다. 그런데 자신의 자리를 위태롭게 하는 전학생을 내친 것은 그렇더라도, 왜 자신을 위로해 준 아이에게까지 그랬을까? 아마도 고마움보다는, 왕따에게 위로를 받았다는 사실에 자존심이 상해서 잔인하게 대한 것일지도 모른다. 자신의 약한 모습을 들켰다는 사실에 주인공의 선의를 하찮게 여기고 오히려 더 심하게 괴롭히면서 그 얘기를 꺼내지도, 다가오지도 못하게 한 것이다. 결국 인간의 마음속 깊은 열등감에서 비롯된 것임을, 자신의 나약함을 들키지 않으려는 몸부림임을 깨닫는다. 이런 가해자들의 심리가 냉철한 문제 해결 전에 거쳐야 하는 이해를 위한 한 단서가 될 수 있지 않을까?

나와 같은 동료 교사들도 그러하거늘 하물며 아이들이 이렇게 자신의 열등감을 감추기 위해 자신의 약점을 아는 친구를 자신의 영역에서 내치거나 고립시키는 것이 이해할 수 없는 행동은 아니다. 특히 권력이나 힘에 대한 욕구가 있는 학생일수록 자신의 약한 모습을 들키고 싶지 않아서 자신을 도와준 마음 따뜻한 친구를 불편해할 수도 있다. 인간은 이렇게 어리석기에 나약하다.

페리숑 씨를 더 깊이 분석해 본다면, 그는 주변의 상황을 자신이 통제하고 싶어 하고 보다 나약한 사람(자신이 통제하기 쉬운)을 보살필 때 자신의 존재 가치를 더 크게 느끼는 사람일 가능성이 높다. 삶과 죽음의 갈림길에서 자신이 통제할 수 없는 상황보다 더 절망적인 것은, 자신보다 약한 사람에게 목숨을 구제받았다는 사실일 수 있다. 이런 사람들이 힘에 대한 욕구 때문에 자신에게 선의를 베푼 사람에게조차 상처를 주거나 공격하는 자신을 성찰하고 반성한다면 다행이다. 그러나 인격적으로 그렇지 못한 사람들이 대부분이다. 따라서 '힘과 통제에 대한 욕구'는 누구나 가지고 있으며, 그 욕구가 유독 큰 사람들이 있다는 사실을 이해하는 것만으로도 아이들을 이해하는 데 한발 다가설 수 있을 것이다.

내가 도와준 그 사람이 나를 미워한다는 것을 느낄 때, 그것은 내 잘못이 아닌 그의 문제임을 잊지 말자. 아울러 그러하기에 우리 인간은 나약한 존재임을……．

모방의 힘

스며듦

수석교사가 되고 여러 학급에 수업을 하러 들어가면서 담임교사와는 다른 통찰을 얻을 때가 있다. 특히 '와, 애들이 선생님을 쏙 닮았네'라는 놀라운 느낌이 들 때가 종종 있다. 11월 즈음이 되면 심지어 웃는 모습이나 얼굴에서 느껴지는 분위기까지 선생님을 닮아 있는 것을 보게 된다. 아이들의 표정에서 선생님의 표정이 겹쳐 보여 깜짝 놀라 수업을 하다 멈칫할 때도 있다.

학급은 3, 4월의 초기 단계가 지나고 4, 5월의 과도기를 거치고 나면 6~11월의 활동기를 지나 12~2월의 정리기에 이른다. 이 과정에서 서로를 닮게 마련이다. 초등학교 때는 특히 교사와 함께 있는 시간이 많다 보니 교사의 행동, 태도, 가치관까지도 닮는 경우가 많다. 이에 비해 중·고등학교 시기에는 또래 관계가 중요시된다. 담임교사가 교실에 상주해 있지 않고 또래와 지내는 시간이 절대적으로 많아지면서 또래로부터 받는 영향은 더욱 커진다. 이러한 과정을 교육학에서는 '잠재적 교육과정'이라고 한다. 문서화되고 공표되는 표면적 교육과정과 달리 의도하지 않았는데 학교 교육과정에서 가치, 태도, 행동, 정서적 패턴을 은연중에 배우게 되는 교육적 영향의 결과를 말한다.

문제는 잠재적 교육과정을 통해 비교육적인 것을 쉽게 배우게 된다는 점이다. 요즘 같은 시대에는 민족 우월주의, 소수민족에 대한 차별, 여성 폄하(요즘은 반대도 진행이 되는 듯하다)와 같은 위험한 가치관을 드러내놓고 가르치는 교사는 없을 것이다. 그러나 교사가 평소에 보이는 행동을 '보면서' 아이들은 어느덧 물든다. 더구나 우리 인간은 부정적이고 폭력적인 것에 더 쉽게 자극받고 매력을 느껴 더 잘 배운다. 반두라는 '공격성 학습 실험'에서 아이들이 공격적인 행동을 더 민감하게 받아들이고 더 잘 배우며 심지어 스스로 더 강화한다고 주장했다. 아이들은 무덤덤하고 착한 캐릭터에는 별로 자극받지 않아서 선한 행동을 공격적인 행동만큼 잘 따라 하지 않는다는 연구 결과도 있다.

부정적이든 긍정적이든 이러한 배움, 곧 '스며드는 과정' '물드는 과정'은 표면적인 교육과정의 영향보다 훨씬 막강하다.

이러한 '스며듦'은 인간이 사회적 동물이고 모방의 천재이기 때문이다. 이것을 유전자(gene)에 대비되는 밈(meme)으로 설명할 수 있다. 《이기적 유전자》를 쓴 진화생물학자 리처드 도킨스(Richard Dawkins)가 처음 제시한 이 개념은 인간의 문화적 복제, 쉽게 말해 모방 능력을 뜻한다. 밈학의 권위자인 영국의 심리학자 수전 블랙모어(Susan Blackmore)

에 따르면 인간의 진화는 유전자를 통한 생물학적 변화와 모방을 통한 문화적 변화로 나뉘는데, 인간의 진화와 변화는 유전적인 영향도 있겠지만 그보다는 탁월한 문화적인 모방에 의해서 이루어진다고 한다. 사람의 본능 중에 생물학적으로 번식의 본능이 있듯이 문화적으로도 자신의 경험과 지식, 성취 들을 주변에 공유하려는 본능을 가지고 있는 것을 보면 더욱 이해가 된다. 나와 다른 문화를 터부시하거나 더 나아가 공격하고 탄압하는 것도 어찌 보면 내 경험 대신 타인의 경험이 공유되는 것에 대한 근원적 두려움이 있기 때문이다. 인간은 문화적인 번식, 공유의 본능 전에 문화적인 복제 능력으로 사회화가 된다.

이 사회화에서 최대의 도구는 언어다. 언어는 단순히 글자로서의 언어뿐만 아니라, 비언어 및 반언어적인 것까지 포함한다. 아울러 이제까지 인류가 개척하고 발견, 발명해 온 모든 도구, 한마디로 유형, 무형의 문화들이 사회화의 도구가 된다. 언어라는 최고의 의사소통 도구로 축적된 문화를 전달하는 과정에서 다양한 교사의 모습이 탄생했고, 배움이라는 이름으로 문화는 지속해서 전달되어 왔다.

문제는 보이지 않는 경험, 지식, 문화 들의 실체는 사람에 의해 이루어진다는 것이다. 무엇보다 어릴 때 만나는 부모, 교사, 또래, 지역사회 들은 점차로 한 인간을 사회화하는 가장 중요한 교재가 된다. 아기는 엄마의 표정과 웃음을 따라 하면서 사회화의 첫발을 내딛고, 교사를 통해 사회의 보편적인 규범을 이해해가며, 또래 관계 속에서 이에 대한 좌절과 조율 들을 배우게 된다. 어떤 부모, 어떤 교사, 어떤 또래, 어떤 지역사회에 속하느냐에 따라 인간은 다른 가치관과 문화에 젖어들 수밖에 없다. 이것이 비고츠키(Lev Semyonovich Vygotsky)가 말하는 학습의 개념이다. 적극적인 배움이 일어나도록 비계를 설정하고 잠재력을 끌어올려 주는 것이 교육인데, 이 과정에서 또 다른 영역, 곧 의도하지 않은 부정적인 것까지 배울 수 있다는 것이다.

인간의 모방성에 대해서는 많은 연구 결과가 있다. 고릴라와 인간의 아이를 함께 지내게 하면서 누가 누구를 모방하는지 실험을 했는데, 아이가 고릴라의 행동을 모방한다는 연구 결과가 있다. 그만큼 인간의 모방성은 엄청나다. 특히 모방의 대상이 자극적인 행동을 할수록 모방성은 더욱 증가한다.

"나를 무시하는 사람은 때리는 게 답이에요"

신규 교사가 담임을 맡고 있는 1학년 반에 말썽꾸러기가 한 명 있었다. 친구들을 때리는 것은 부지기수고 교사까지도 때리려고 한다. 주도권을 잡지 못하면 분노하고 자신을 조금이라도 무시하는 행동을 보이면 주먹부터 든다. 여자건 남자건 가리지 않는다. 특히 여학생들에게 더 폭력을 휘두르는지라 걱정이 되는 아이였다.

어느 날, 역시나 난장을 피워서 복도로 불러 이야기를 했다. 이야기 중에 "우리 아빠가 그러는데요, 여자들이 잔소리하고 뭐라 하면 때리는 게 답이래요. 여자는 3일에 한 번씩 때려야 말을 듣는대요" 하며 천연덕스럽게 말한다. 웬 구한말 이야기를 하는지 놀랍기만 하다.

"그럼, 아빠가 엄마를 때리시니?"

"예, 화가 나면 술 사 와서 벌컥 마시고 욕하면서 때려요. 그럼 엄마가 꼼짝 못해요."

"그게 좋아 보이니?"

"저도 화나면 엄마 때리는데요? 나를 무시하는 사람은 때리는 게 답이에요. 우리 선생님도 여자니까."

아이의 폭력적인 행동은 자신을 무시하거나 잔소리하는 여자들을 힘으로 누르고 폭력으로 대응하는 아버지의 행동을 그대로 모방하고 있었고 심지어 일반화까지 하고 있었다. 아울러 여자들을 얕잡아 보는 감정, 여자는 때려도 된다는 합리화까지도 학습이 되어버린 것이다.

학교에서도 다양한 모방이 일어난다. 아이들이 쓰는 말에 욕이 많은 이유는 친구들 사이에서 세게 보이고 싶고, 주변의 아이들을 무시하는 마음을 드러내려는 행동인 경우가 많다. 다양한 이유가 있겠지만, 이런 욕은 처음에는 충격으로 느껴지다가 금방 모방하게 되고 어느덧 또래의 문화가 된다. 욕 자체가 하는 사람에게는 스트레스를 해소하는 수단이 되기도 하지만, 듣는 사람에게는 자존감을 떨어뜨리고 전두엽을 위축시키며 마음을 우울하게 하는 보이지 않는 '독'이다. 그리고 이 독은 퍼져 나가고 내성이 생겨 무뎌지게 되어 있다. 욕을 하는 것도 중독과 같다. 욕을 할 때 아이들이 피하는 행동을, 자신이 세게 나와서 주변 아이들이 자신을 함부로 하지 않고 심지어 자신을 인정하는 것으로 착각해서 더욱 자주, 더욱 세게 욕을 하게 된다. 아울러 관찰하는 아이들 중에서도 이런 잘못된 생각으로 욕하는 행동을 적극 모방하는 아이들도 있을 수 있다.

내가 욕을 배우기 시작한 것은 1학년 때였다. 동네에서 내로라하는 거친 여자아이가 있었는데 그 아이와 말을 트고 놀다 보니 어느덧 물들기 시작했다. 그 아이가 말끝마다 내뱉는 욕에 움찔하다가도 집에 가서 동생들에게 그 욕을 따라 하다가 부모님께 혼난 기억이 있다. 욕을 하면서 내가 강한 사람(거친 사람과 헷갈렸을 것이다)이 된 것 같은 착각, 그 친구처럼 높은 곳 위험한 곳도 척척 지나갈 수 있다는 착각이 어느덧 어린 마음에 자신감인 양 자리 잡았던 것이다. 그때 부모님이 꾸중하지 않았다면 한동안 욕을 달고 살았을지도 모르겠다.

교사의 행동 또한 아주 중요한 모방의 자료다. 수업을 방해하는 아이, 또는 학급 기물을 일부러 파손시키는 아이에게 교사가 침묵하면 어떻게 될까? 더구나 공격의 대상을 반 친구로 정해서 괴롭히는 행동을 하는데도 교사가 아무 대응을 하지 않는다면? 아이는 교사보다 자신이 힘의 정점에 있다고 느끼면서 교사를 무시하고 학급을 파괴하는 행동을 더욱 강화해 나갈 것이다. 아울러 두려워하는 아이들의 눈빛과 침묵을 지키는 아이들의 반응에 더욱 자극을 받아 자신의 행동을 인정하는 것으로, 자신을 함부로 건들지 못한다는 생각으로 한껏 고양될 것이다.

무엇보다 새로운 추종자들과 모방자들도 생긴다. 집단으로 선생님의 수업을 방해하거나 공격하기도 하고, 그런 행동들이 교사를 꼼짝 못하게 한다는 것을 배운 아이들은 같은 방식으로 약한 친구들을 괴롭힌다. 갈수록 괴롭히는 범위가 넓어지고 정도는 더욱 심해지는 것이다. '착한 교사의 역설'이라고 한다. 착하고 여린 교사들이 오히려 아이들을 악하게 만들 수도 있다. 무엇이 옳은지 그른지, 잘못된 행동을 할 때는 어떻게 책임을 져야 하는지, 학급 구성원들이 어떻게 서로 존중을 받아야 하는지 일깨워 주지 않으면 아이들은 고삐 풀린 망아지마냥 서로를 공격하고 괴롭히게 된다.

학교 사회에서 다양한 괴롭힘과 폭력의 분위기가 퍼지게 되는 것은, 마치 염색물에 물드는 하얀 이불 소청 같다. 공격적으로 행동하는 아이들을 지켜보며 학생들은 마음속으로 불편해하다가도 그것을 멈추는 조치가 없으면 그런 행위들을 일상으로 당연하게 받아들이며 무뎌진다. 더 심하게는 자신도 모르게 동조하거나 따라 할 수도 있다. 학급이 붕괴되는 현장의 패턴을 보면 교사에게 고함치고 욕하는 학생들을 교사가 제대로 통제하지 못할 때다. 지켜보는 아이들 또한 이러한 상황이 처음 시작되었을 때는 움츠러들었다가 어느덧 더 자극적인 폭력 영화를 원하는 관람자처럼 히죽거리며 관망하는 모습을 볼 때가 있다. 이미 폭력에 물들어버린 것이다. 이 순간, 더 무서운 것은 폭력성이 강화되고 있는 한두 명이 아니라 그 상황에 심각함을 느끼지 못하고 있는 다수의 방관자들인 것이다.

이때 교사가 공격하는 아이를 다루는 방식을 보고 아이들은 또 배운다. 침착하고 단호하게 원칙대로 대하며 가해학생이나 기물을 파손한 아이가 그에 대한 책임을 지도록 교육하는 일련의 절차를 보면서 아이들은 여러 가지를 학습한다. 관찰자인 아이들은 가해학생의 행동이 잘못된 것임을 알게 되고, 그런 행동이 어떻게 처리되는지를 보면서 규칙의 준수, 곧 '정의'를 배우게 된다. 뿐만 아니라 그 아이를 다루는 교사의 방식 또한 배운다. 화가 나더라도 당황하지 않고 단호하게 행동하는 교사를 보면서 아이들은 '화가 날 때는 침착한 것이 더 강하구나' 느끼게 되고 자신이 화가 났을 때 어떤 태도를 가져야 하는지를 은연중에 배우게 된다. 그러나 처벌식 생활지도가 한창이던 지난날처럼 교사가 폭력적으로 대처한다면 아이들은 그 장면을 통해 '나쁜 일을 했을 때는 저렇게 맞아도 되는구나, 함부로 취급받아도 되는구나' 하며 또 다른 폭력을 배우게 되는 것이다.

인간은 모방을 통해 진화된다는 최근의 이론이 다소 낯설더라도, 모방을 통해 사회화되고 변화되며 교육받는다는 사실은 누구도 부인할 수 없을 것이다. 지구상의 어떤 종족보다 사회적인 아이들이 학교라는 안전한 사회 속에서 안전하게 관계를 맺고 자신의 인권을 지키도록 하는 것, 아울러 타인을 존중하는 의무에 최선을 다하도록 배움의 기회를 주는 것보다 더 큰 교사의 사명이 있을까?

쉴드를 원해요

심리적 생존책

나를 보호해 준다면……

"왜 네가 그런 아이들과 어울리니? 안 좋은 행동인 줄 알면서 왜 개들이 시키는 일을 했니? 두렵지 않았어?"

상담사로서 훈련을 받는 초창기에 보호관찰소에서 만난 아이들에게 했던 질문이다. 속상한 마음에 자꾸 '왜 그랬니?' 공격적으로 쏟아 낸 것이 후회가 되지만, 그 순간은 진심이었다('왜'라는 말 대신에 '이유를 말해 줄래?'가 더 좋았을 것이다). 이런 좌절스런 마음을 쏟아 낸 아이들 중 한 학생이 생각난다. 이 아이는 자신이 속한 이른바 '날라리' 비행청소년 그룹에서 나오지 못하고 결국 공범자로 보호처분을 받은 여학생이었다. 작은 비행을 저지르다가 큰 비행으로까지 이른 아이는 분명 자신의 행동을 후회하고 있었다. 그러나 또다시 같은 상황에 놓여도 자신은 그럴 수밖에 없을 것이라고 했다. 그룹에서 나올 수 없기 때문이다. 풍문으로 떠도는 말처럼 조직폭력배는 집단에서 나올 때 그만큼 대가를 치러야 하는데, 그게 어마어마하게 두려운 과정이라서 그럴까? 그러나 아이의 대답은 심드렁했지만 매우 인상 깊었다.

"쉴드(방패, 보호막)가 필요해요. 그룹에서 나오면 저는 최소 뒷담화 대상이 되거나 왕따당하거나 계속 욕을 듣거나 갈굼을 당하거나…… 별것 아닌 것들한테 맞기도 해요. 엄청 자존심 상하죠. 하지만 센 그룹에 있으면 공격을 못 해요. 그룹 친구들이 나를 지켜 주고 버티고 있으니까요. 한마디로 쉴드를 쳐 주니까, 가끔 그룹 짱한테 시달려도 혼자 있으면서 받는 설움보다는 나아요. 나오면 저는 아무것도 아닌 게 되거든요."

'그래도 금품 갈취, 폭행 같은 비행을 저지르며 경찰서를 들락거리고 어른들에게 깨지는 것보다는 나쁜 행동을 하지 않으면서 혼자 있는 게 낫지 않냐'는 말을 하고 싶었지만, 그 순간만큼은 아이의 심정이 이해가 되었다. 그래서 범죄 행위에 대해서는 인정할 수 없어도 그룹에서 섣불리 나오지 못한 마음은 이해한다는 말을 전했다.

한참을 이야기하고 나서야 그런 쉴드가 자신에게 진정 도움이 되는 것이었는지 의구심을 갖게 할 수는 있었다. 하지만 그 아이 처지에서는 그것이 최선이었을 것이다. 학교라는 사회, 또래 관계가 중요한 청소년 시기에 내 쉴드가 되어 주는 집단은 목숨과도 같으며 거기에서 내쳐지는 것은 '사회적 죽음'이기 때문이다.

내 방패막이가 되어 주는 친구들, 그들이 착한 아이들이라면 천만다행이지만 나쁜 행동을 하는 아이들이라면 그때부터 비극이 시작된다. 나쁜 일에 동조해 마음이 불편하더라도 참고 견디는 것이 낫다는 학생들에게는 아무 그룹에도 속하지 못한다는 것은 사막에 혼자 서 있는 것, 어쩌면 다가오는 늑대 무리 속에서 견디는 것과 같다. 특히 여학생들은 남학생들보다 관계 지향적인 특성이 강하다. 남학생에 비해 '공감의 뇌'가 발달되어 있는지라 관계에 민감하다(물론 모두가 그런 것은 아니다). 이 관계는 목숨만큼 중요하다.

정도의 차이가 있을 뿐 인간이 관계에 집착하는 것은 본능일 것이다. 자연계에서 가장 약한 인간이 생존하기 위해서는 부모에게 절대적으로 의존해야 한다. 부모의 보살핌을 받는 기간이 동물들 가운데 가장 길다는 사실은 인간이 생존을 위해서 사회적 동물이 될 수밖에 없는 절대적인 근거이기도 할 것이다. 인간은 태어나면서 맺고 싶어서가 아니라 맺어야 하기 때문에 관계를 형성했다. 그리고 이러한 생존 관계는 점차 애착이라는 심리적인 관계와 맞물리면서 인간에 대한 기본적인 신뢰감이 형성된다. 이것은 곧 우리가 세상을 바라보는 관념의 기본이 된다.

부모와 맺는 가장 기본적인 관계는 성장하면서 다양한 관계로 발전해간다. 어릴 때 엄마를 비롯한 주 양육자와의 애착에서 시작되어 다른 가족과의 관계, 친구(또래) 관계, 동료 관계로 점차 퍼져 나간다. 관계를 새롭게 맺고 유지하고 끊어지고 또 이어지는 과정이 자의건 타의건 운명적으로건 끊임없이 형성된다. 오프라인뿐만 아니라 온라인에서도 보이지 않는 실처럼 복잡하게 연결된다. 이 속에서 우리는 희열의 감정에서부터 상처와 깊은 절망까지 갖가지 감정을 경험한다. 사실 관계 속에서 우리는 긍정적인 것보다는 부정적인 감정을 더 많이 느끼는 것 같다. 마음이라는 호수에 파문이 이는 것은 주로 부정적인 감정 때문이고 그 상황을 더 강렬하게 인식하는 경향이 있다. 아마도 밍밍한 물과 같은 상태를, 그 평온함이 얼마나 소중한 것인지 그 가치를 알아채지 못해서일 것이다.

그래서 관계는 필수적이면서도 무섭고 두렵다. 자연에 봄, 여름, 가을, 겨울이 있듯이 관계 또한 그러하다. 아름답게 시작했던 관계도 어느덧 시련을 맞는다. 처음에는 친밀감으로 서로를 배려하고 감싸 주던 관계가 시들해지기도 하고 끊어지기도 한다. 이 정도는 우리가 감당할 수 있는 상실의 아픔이다. 문제는 청소년기의 또래 관계다.

에너지가 끓는 청소년기에 맺는 다양한 또래 관계는 서로를 질시하고 원망하며 증오하는 관계가 되기도 한다. 특히 여학생들의 질투로 인한 괴롭힘은《소녀들의 심리학》에도 생생하게 나타나 있다. 이 질투는 인간이라면 느낄 수밖에 없는 감정이다. 레이첼 시먼스(Rachel Simmons)는 이러한 감정이 있음을 어른들은 인정해야 하고 아이들에게도 이런 감정을 인식하도록 교육해야 한다고 했다. 문제는 그것을 어떻게 표출하느냐는 것이다. 부러워하는 것으로 끝낼 수도 있겠지만 괴롭힘으로 표현하는 아이들도 많다. 내가 갖지 못한 것을 가진 친구에게 공격적인 말이나 행동, 유언비어를 퍼뜨려 따돌리거나, 투명인간 취급하기, 비웃기 들로 상처를 준다. 어릴 적 주 양육자와 맺은 관계에서 얻게 된 인간에 대한 신뢰감 못지않게, 또래 관계에서 겪는 믿음, 따뜻함, 배신, 증오의 감정들은 청소년기 이후의 대인 관계에서 기본 패턴이 된다.

또래 관계를 통해 지지나 믿음을 느끼고 싶어 하고, 더 나아가 무시나 괴롭힘에서 벗어나고 싶은 마음에 아이들은 자신을 보호해 줄 그룹에 속하고 싶어 한다. 작게는 단짝, 크게는 예닐곱의 그룹에서 보호받고 싶은 것이다. 이것은 일종의 '심리적 생존책'이다. 혼자 있기를 좋아하는 아이들도 결국 자신이 상처받을 수 있다는 가능성에서 벗어나려는 적극적인 보호일 때가 많다.

결국 우리 아이들은 거북이처럼 혼자 딱딱한 등껍질을 만들어 관계의 위협에서 벗어나려고 하거나, 늑대처럼 무리를 이루어 더 큰 위협에서 적극적으로 방어한다. 어느 쪽이든 자신의 쉴드를 찾아 덜 상처 입으려고 노력하는 것이다. 이 쉴드가 무너지는 것, 무리에서 떨구어지는 것에 대한 '사회적 공포감'을 피하기 위해 서로 간의 결속을 위한 희생양을 찾아서 함께 괴롭히기도 하고, 집단이 요구하는 것에 시시비비를 따지지 않고 최선을 다해 역할을 수행하기도 한다. 이러한 아이들의 행동은 이성적이고 합리적인 판단을 떠나서 생존을 위한 몸부림이기에 무조건 비난할 수만은 없다는 것을 먼저 이해해야 한다.

아픈 관계도 내가 속할 수만 있다면 그 속에서 겪는 수치나 치욕은 참을 수도 있다고 하는 태도는, 내쳐져서 사회적으로 죽을 수도 있다는 공포감 때문에 생기는 '터널 시야'에 의해 더욱 극대화된다. 터널 속으로 들어가면 주변은 잘 안 보이고 앞만 바라보게 되면서 시야가 아주 좁아진다. 한걸음만 물러나서 보면 나에게 쉴드를 쳐 준다는 그 그룹이 사실은 내 영혼을 갉아먹고 공격하는 그룹이라는 것을 알 수 있다. 그런데도 냉철하게 판단을 내리지 못하는 것은, 이 그룹 밖은 '괴물이 사는' 공간이라는 예기불안이 굳어졌기 때문일 가능성이 크다.

유발 하라리가 《사피엔스》에서 오늘날 우리 인류의 조상이 되는 '사피엔스 사피엔스'들이 갖고 있는 능력은 실제 하지 않은 것을 상상하는 힘(그래서 종교, 문학, 다양한 학문들이 탄생했다), 그 상상을 구체화하는 힘이라고 말했다. 이런 상상의 힘 덕분에 뒷담화도 가능하고 이를 통해 결속력도 생기게 된다는 것이다. 따라서 사피엔스의 후손인 우리 아이들이 미리 불안해하고, 이에 맞는 불안의 스토리를 만들어 공유하면서 여기서 벗어날 대응책을 상상해가는 과정에서 공격적 행동이 개인으로든 집단으로든 드러날 수 있는 것이다.

어쩌면 자기 자신을 믿지 못해서, 혼자 당당히 살아갈 자신이 없어서 나에게 상처 주는 그룹에 더 집착하는 것이리라.

'저기 밖에 괴물이 살지 않아. 괜찮은 아이들도 꽤 많아. 너와 맞는 아이들도 있을 거야.'

'그리고 네가 속한 그 그룹의 친구들이 정말 너의 쉴드일까?'

'진짜 너를 보호해 주건 그렇지 않건 그 그룹에 속한 자체가 쉴드를 친 거라면, 그 쉴드 속에서 네가 더 큰 상처를 입고 곪고 있는 것이라면 거기서 나오는 게 진정으로 너를 지키는 게 아닐까?'

이런 목소리가 아이들 마음속에 들릴 수 있도록 하는 것이 우리 어른들의 역할일 것이다.

튀는 행동은 안 돼요

자의식

고학년 교실에 들어가면 저학년 때 보여 주던 활발함과 호기심이 사라지고 잔뜩 힘주거나 세상일에 달관한 사람처럼 반응 없는 아이들이 있다. 나름의 방법으로 수업에 끌어들여 보지만, 열심히 수업에 참여하다가도 갑자기 풀이 죽는 경우도 본다. 주변의 눈치, 특히 또래의 눈치를 본다는 표현이 맞을 것이다. 유달리 여학생 사이에서 이런 현상이 두드러진다. 사토 마나부(佐藤學) 교수가 《배움으로부터 도주하는 아이들》이라는 책에서 여학생들의 학업 저하를 우려하며 나름 일리 있는 분석을 해 놓았지만, 이런 현상을 학교 현장에서 맞닥뜨릴 때면 이성은 사라지고 답답함에 가슴이 막힌다.

또래들 사이에서 열성적으로 수업에 참여하거나 좋은 일을 하는 아이들을 '쟤 잘난 척하네!'라고 쑥덕거리면서 집단의 힘으로 기를 죽이는 일도 있다. 아이들 사이에서 '튀는 행동'을 용인하지 않는 분위기가 유독 우리나라에서 심한 이유는 무엇일까? '잠자코 있어라, 그럼 반이라도 간다' '수업 중에 무슨 질문? 잘 보이고 싶어서 저러나?'라는 또래 집단의 압력에 대응하는 방법으로 침묵 대신에 대놓고 과하게 튀는 행동을 하는 '반동 작용 세력'들도 있다. 이런 친구들을 '관심병자, 관종' 같은 표현으로 왜곡해서 낙인찍기도 한다. 어릴 때 보였던 그 명랑함이나 스스럼없이 표현하고 질문하던 태도가 왜 이렇게 변했을까? 또 고학년이 되어서도 여전히 활발한 아이들을 또래 아이들은 왜 그렇게 못 참아 하는지 교사들은 답답하다. 그래서 6학년을 맡기 어려워하는 풍조가 한때 우리 학교 문화를 지배했다. 이 해답 중 하나를 아이들의 발달 특징에서 찾아볼 수 있다.

청소년기의 특징을 말할 때 '자의식의 발달'과 '상상 속의 청중'이라는 용어를 빼놓을 수 없다. 자의식은 쉽게 말해 내가 나 자신의 생각과 행동을 지켜보고 되돌아보는 의식이다. 의식적으로든 무의식적으로든 누가 지켜본다는 생각으로 행동거지를 조심하고, 왜 자신이 그런 행동을 했는지 스스로를 성찰하는 것이라고 할 수 있다. 건강한 수준이라면 도덕성, 양심 들을 향상시키는 수단이 되기도 한다. 그러나 자의식이 지나쳐서 주변의 눈치를 너무 보다 신경증으로 이어지거나, 반대로 지나치게 잘난 척하고 자신의 경험만을 과대화하거나 나르시시즘으로 빠지는 경우도 있다. 이것을 성찰이 빠진 표피적 자의식이라고 말할 수 있으며 당연히 건강하지 못한 상황이다.

양날의 검과 같은 자의식은 아동기나 청소년기에 특히 발달한다.

지하철에서 여럿이 있을 때는 남들의 시선을 의식하며 왁자지껄 떠들거나 자기들끼리 특유의 욕을 해 대며 센 척하는 청소년들이 있다. 그런데 이들이 혼자 있을 때는 고개를 푹 숙이고 구석에 가서 소리 없이 서 있는 경우를 본다. 유난히 떠드는 것이나 반대로 어색하게 위축되는 것 모두 불안정한 자의식 때문이다.

불안정한 자의식이 상상 속의 청중을 만든다. 무대 위에 있는 배우처럼 주변 사람들의 시선을 지나치게 의식하고 행동하다 보니 참 어색해 보이기까지 한다. 그러나 청소년들이 성장하는 과정에서 '남들이 이상하게 볼지도 모르는데……' 하며 지나치게 위축되어 '눈치를 보는 것'은 건강한 자의식을 만들기 위한 통과의례라고 할 수 있다. 그런데 이런 현상이 유독 우리나라에서는 더욱 심하다. 문제는 이런 문화적인 분위기가 청소년들의 정체성 형성에도 지장을 준다는 점이다.

정체성은 '나는 누구인가?'에 대한 관점이다. 곧 나 자신에 대한 주관적, 객관적인 인지다. 타인과 다른 고유한 한 개인으로서 나 자신에 대한 인식을 뜻하는 정체성은 에릭슨(Erik H. Erikson)의 발달 단계에서 청소년기의 주요한 발달 과업으로 보았을 만큼 아주 중요하다. 우리는 외부 세계와 접촉하고 경험하면서 정체성을 형성해가는데, 이 과정에서 다양한 갈등을 겪으며 자신을 탐색하는 유예 기간을 갖는다. 이런 탐색의 과정(Marcia의 정체성 유예 단계)을 거쳐 진정한 정체성을 찾게 되면서 자신의 에너지와 시간을 쏟아 헌신할 곳을 찾게 된다.

이렇듯 유예 기간을 거쳐 정체성을 형성하는 것은 건강한 인간의 발달 모습이다. 그러나 탐색도 헌신도 없이 떠다니듯 사는 '정체성 혼돈'의 무기력한 청소년들도 있고, 자신에 대한 고민이나 탐색 없이 어른들이 정해 준 대로 그냥 열심히 살아가는 '정체성 유실'의 청소년들도 많다. 우리나라의 경우 '정체성 유실'이 상당하다. 이런 아이들은 스스로 결정하지 못하고 타율적이며, 막연히 답답함과 불안, 두려움을 느끼며 꼭두각시가 된 기분으로 분노에 사로잡혀 살아간다. 집단의 분위기를 해치지 않게 행동하는 것, 눈치껏 행동하며 튀지 않는 것, 어른들이 정해 준 길을 따라가는 것을 미덕으로 여기는 우리의 문화는 자신을 진정으로 되돌아보고 탐색하는 기회를 빼앗아 '정체성 유실'의 청소년들을 만들어 내고 있다. 이들의 분노는 나와 다르게 자유로운 사람들에 대한 선망 내지는 공격으로 이어질 수 있다.

우리 문화를 폄하하는 것은 결코 아니다. 모든 문화가 그러하듯 빛과 어둠이 있는데, 우리 문화의 어둠은 경직성이다. 문제는 이러한 경직성이 청소년들의 '정체성 유실'과 관련된다는 점이다. 이규태 선생이 《한국인의 의식 구조》라는 책에서 우리나라 사람들이 얼마나 정서 표현을 금기시해 왔는지 자세히 적었는데, 구한말 우리나라에서 근무한 알렌 공사를 비롯한 여러 외국인들이 표현하는 우리나라 사람들의 특징은 다음과 같다.

formal(형식적), reserved(쌀쌀한, 마음을 털어놓지 않는), silent(침묵하는), cautious(신중한), erasive(회피하는, 종잡을 수 없는), dependent(의존적인), distant(냉담한), indifferent(무관심한), tense(긴장한), responsive(쉽게 응하는)

    서양 사람들에 비해 은폐성이 강한 우리 한국인들은 소수의 사람들과 선택적으로 접촉하며, 정보를 전달할 때도 그 표현 방법을 최소화하거나 애매하게 하고, 자신의 견해를 되도록 남에게 표현하지 않게끔 억제한다는 것이다. 알렌이 말하기를, "(한국인에게) 진짜 의도를 말하게 하려면 부모 형제만큼 친밀해지지 않으면 안 된다"고 했다.

    그래도 나 스스로는 우리 부모님 세대에 비해서 감정을 표현하는 것이 쉽다고 생각했다. 그러나 생각해 보면 나도 꽤 구세대였던 것 같다. 내 어릴 적 별명 중 하나가 '괜찮아요'였다. 친구네 집에서 친구 어머니가 밥을 먹고 가라고 하셨는데, 나는 남의 집에서 식사를 하는 것이 왠지 낯설고 익숙하지 않아서 "괜찮아요"를 반복했고 결국 먹지 않았다. 어쩌다 밥을 먹을 때도 무척이나 조심하며 행동이 부자연스러웠던 기억이 난다. 어른이 무엇인가를 줄 때도 "아니, 괜찮아요" 하며 사양하는 것이 너무 익숙했다. 심지어 정말 먹고 싶고 갖고 싶은 것이 있어도 한 번에 넙죽 받는 것은 예의가 아니라는 생각으로 사양하고 또 사양했다. 먹는 것처럼 기본적인 생리 욕구를 표현하는 것은 바람직하지 않다는 것을 어떤 경로로든 교육받고 세뇌받으면서 지나치게 자의식을 발달시킨 것이다.

    나를 비롯한 우리나라 사람들은 '정서 인식'이 아주 발달되어 있다. 특히 비언어적인 메시지를 파악하는 데 있어서는 서양인 부럽지 않을 것 같다. 부모님이 어떤 기분인지, 선생님이 어떤 감정 상태인지, 친구, 상사, 배우자 그리고 아이들이 어떤 감정 상태인지를 직감으로 안다. 이른바 날벼락을 맞지 않기 위해 눈치를 발휘해야 하기 때문이다.

그러나 안타깝게도 자신의 감정을 통찰하는 면에서는 그렇지 못하다. 자신의 감정을 인식하는 훈련이 되어 있지 않아 감정을 들여다보는 것이 미숙하며, 정서를 표현하는 것도 서툴다. 오히려 그냥 참는 것이 미덕이 되었다. 그 결과 겉으로는 조신하고 고상해 보이는 사람이 속에서는 부글부글 끓고 다른 곳에 화풀이를 하기도 하는데, 그 대상은 주로 가장 가까운 가족이다. 이렇게 감정을 누르다 보니 '火病(Hwabyeong)'이라는 세계적으로 유명한, 한국인만이 가진 마음의 병이 탄생하기도 했다. 아무리 슬퍼도 흐르는 눈물(淚)이 아닌 흐르지 않는 눈물(泪)을 흘려야 한다니 '정서 표현'을 엄격하게 죄악시하고 금기시한 민족이라는 생각이 든다.

문제는 이렇게 정서 표현을 차단하는 것은 사람들을 결국 걸어 다니는 압력밥솥으로 만든다는 점이다. 언제 감정이 터질지 모르는 순응자아(억압자아)를 키우다 보니 예상치 못한 곳, 예상치 못한 사람에게 감정을 투사하는 경우가 생긴다. 아니면 충분히 기뻐할 일인데도 지나치게 기뻐하는 것은 예의가 아니라는 관습 때문에 그냥 한 번 웃고 마는 경우도 많다. 그러다 보니 기쁨을 있는 그대로 느끼지 못하는 사람들도 많다.

이규태 선생의 말이 이제는 시대가 변해서 맞지 않는다고 생각할수도 있겠다. 방송에 나오는 사람들이 날것 그대로 자신의 감정을 표현하는 것을 보면서 그것이 솔직함의 미덕인 것처럼 여기는 시대다. 그러나 교실 안에서 보이는 아이들의 행동은 여전히 구한말 외국인이 써 놓은 우리나라 사람들의 모습을 떠오르게 할 때가 많다. 마음을 털어놓지 않고 침묵하고 회피하며 의존적이고 냉담하며 무관심하고 타율적으로 따라가는 듯하다. 그래서 아이들이나 교사나 서로의 마음을 제대로 읽을 수 없는 데다, 이런 특징이 그렇지 않은 또래들에게는 비난의 눈길, 뒷담화, 언어적 공격의 대상이 된다. 문화를 거스르는 행동을 한 대가인 듯 괴롭히기도 한다.

안 그래도 튀는 행동을 하는 것을 은연중에 터부시하는 문화인데, 다른 사람들이 자신을 어떻게 볼까 신경 쓰는 자의식이 발달하는 청소년들의 발달 특징과 맞물려 그야말로 '튀는 행동'은 집단에서 용서할 수 없는 행동으로 여기는 것이 이해가 간다. 그러나 이러한 폐쇄성, 무관용의 문화는 한창 꿈꾸고 탐색하는 아이들에게는 큰 상처가 될 수도 있다.

더구나 남존여비 사상이 지배했던 우리의 경직된 문화에서는 여성들이 더 큰 상처를 입고 잠재력이 꺾일 수 있다. 마코스키(Vivian P. Makosky)의 실험에서 '성공에 대한 두려움'이라는 연구가 있다. 사람들은 실패에 대한 두려움만큼 성공에 대한 두려움 또한 가지고 있다는 것이다. 내 성공이 거품일 수도 있다는 불안과 성공했을 때 주어지는 변화가 불편해서 같은 다양한 원인이 있을 것이다.

이를 주의 깊게 살펴볼 수 있는 이유는 사람들에게 '평가'받는 위치에서 자신이 드러난다는 사실이다. 이 평가 중에서 여성들은 사회적인 평가 곧, 지나치게 똑똑하면 사회에서 거부당하거나 여성적이지 못하다는 평가를 받게 된다는 '관계에서 오는 두려움'이 있다. 우리나라의 옛말 중 참 나쁜 말인 '암탉이 울면 집안이 망한다'는 말처럼 똑똑한 여자들을 터부시하는 분위기가 여전히 존재한다. 아이들 사이에서도 학업 성취가 높은 여학생들을 '독한 년'이라며 따돌리고 폄하하는 폭력적인 분위기가 있다. 이러한 문화적 분위기가 우리나라에서 마리 퀴리와 같은 과학자를 배출하지 못한 원인도 되리라 생각된다.

튀는 아이도, 수줍은 아이도, 모범적인 아이도, 공부가 좀 안되는 아이도 서로 개성 있는 친구로 받아들이는 톨레랑스의 문화가 우리나라에도 형성되면 좋겠다는 바람이다. 이러한 문화 속에서 아이들은 서로를 존중하고 따돌림이나 괴롭힘 없이 학교생활을 할 수 있을 것이다.

힘을 갖고 싶어요
관계와 역할

수석교사로서 학급에서 유난히 돌출 행동을 하는 아이들이 있을 때 생활지도를 위해 동료 교사를 지원하는 경우가 있다. 2학년 남학생 네 명이 반을 휘젓는 바람에 학급 통제가 어렵다고 담임교사가 요청해서 들어간 교실이었다. 네 명의 어린 학생들의 관계는, 정도가 약하긴 해도 고학년 내지는 중·고등학교에서 보이는 학급 내 서열의 양상을 보여 새삼 놀랐던 기억이 있다.

초2도 '힘'을 안다

키가 작지만 다부지고 선한 이미지에 예쁜 눈을 가진 김가와 마르고 키가 크지만 깡이 느껴지는 이가, 늘 힘이 없고 비실비실한 박가, 머리는 좋지만 불만이 많고 그 불만을 거침없이 말하는 정가, 네 아이가 이루는 힘의 역동은 복잡한 아이들 관계의 축소판이었다. 체구도 작고 귀엽게 생긴 김가가 일종의 여왕벌로 힘의 정점을 이루고 있었다. 김가가 하자는 대로 셋은 움직이고 있었다. 이가는 2인자로 늘 옆에서 김가를 따르면서 김가를 따라 하는 듯했다. 상대적으로 힘이 약한 박가는 먹을 것을 사 주거나 웃긴 얘기를 하면서 김가에게 잘 보이려고 엄청 노력했는데, 이것이 이가의 입장에서는 2인자의 자리를 내줄 수도 있다는 긴장 때문인지 경계를 하는 듯했다.

어느 날 박가가 김가에게 "우리 엄마가 먹을 거 사 먹으라고 돈 주셨는데, 이따 학교 끝나고 사 줄게" 하고 말했다. 옆에서 듣고 있던 이가가 "나도 사 줄 거지?" 하니까, "너는 돈이 모자라서 안 돼"라고 딱 잘라 말했다. 그러자 이가가 박가를 노려보고 씩씩대더니 갑자기 멱살을 잡았다. 이가의 일방적인 승리가 예상되는 싸움이 벌어졌다. 복도로 데리고 나와서 셋과 이야기를 나누는데, 김가는 자신을 놓고 벌어지는 둘의 싸움을 즐기는 듯했다. 자신의 옆자리를 놓고 다투는 것이니까 말이다. 이가에게 물었다.

"박가가 김가에게만 사 준다고 하니까 화가 났나 보구나. 그런데 평소에도 네가 박가를 대하는 태도가 막 고함을 치고 째려보고 하던데, 박가가 그렇게 마음에 안 들었니?"

"자식이…… 힘도 없으면서 괜히 먹을 거로 사람을 조종하잖아요. 다른 때도 은근히 나를 무시하는 것 같아서, 힘도 없는 게……. 얄미워서 한 대 때리고 싶었는데, 이번에 터진 거예요."

"네가 바라는 게 뭐니?"

"저도 김가만큼 힘이 센데 무시하잖아요. 안 그랬으면 좋겠어요."

그러자 옆에 있던 박가가 불쑥 말한다.

"너는 힘이 약한데? 지난번에 김가한테 졌잖아?"

이 말을 들은 이가가 주먹을 쥐고 말한다.

"뭐? 어이없네. 너는 우리 반에서 제일 약하잖아. 힘도 하나도 없는 게 까불어."

힘이 약한 박가에게 무시당한 것에 대한 분노와 1인자인 김가를 꺾지 못한다는 좌절감이 섞여 혼란스러워하고 있다는 것이 느껴지는 순간이었다.

다음 날 셋은 다소 조용해지는 듯했다. 문제는 정가였다. 네 명 중 브레인이라고 할 수 있는 정가는 셋과 멀리 떨어져 앉아 물리적으로도 소외가 되어 있었지만, 심리적으로도 따돌려지는 느낌이 들었다. 이야기를 들어 보니 실제로 따돌림을 당하고 있었다. 대안으로 다른 친구들과 노는 것이 좋겠다는 합의하에 쉬는 시간에 다른 아이들과 어울려 놀도록 조금씩 개입을 했다.

"저기 두 친구가 알까기를 하네? 같이 가서 놀면 어때?"

자존심 강한 정가가 싫다고 할 줄 알았는데 의외의 대답을 했다.

"그러고 싶은데, 아이들이 안 껴 줘요."

"그럼 그동안 놀 친구가 없어서 김, 이, 박이랑 놀았던 거니?"

"예. 걔들이 공부 시간에 늦게 들어가는데 선생님한테 거짓말하는 방법을 제가 잘 생각해 내니까 끼워 준 거예요. 밖에서 아이들하고 공부 시간까지 노는 게 즐겁고요. 무섭기는 하지만요."

"그렇구나. 그럼, 선생님이 가서 부탁을 할 테니 같이 가자."

머뭇거리던 두 아이가 셋이 하는 방법도 있다며 끼워 주자 정가의 얼굴이 환해지며 신나게 놀기 시작했다. 그런데 쉬는 시간이 끝나고 아이들이 자리로 돌아가는 중에 갑자기 정가가 "선생님, 쟤가 아까부터 저를 계속 쳐다봐요. 이상하네, 왜 저렇게 보지? 기분 나쁘다" 한다. 아니나 다를까 이가가 자리로 돌아가면서 나와 정가를 빤히 쳐다보고 있었다. 분명 기분 좋은 눈빛이 아니었다.

수업이 끝나고 학부모들의 허락을 받은 후 둘과 상담을 했다. 학원에 가야 한다고 반복해서 말하는 모습이 이 자리를 어색해하는 것 같아서 수국차를 타 주니 금방 분위기가 풀린다. 이런저런 얘기를 하다가 단도직입적으로 이가에게 물어보았다.

"아까 네가 정가를 쳐다본 거 맞지? 이유를 들을 수 있을까?"

"…… 잘 모르겠는데요, 그냥."

"그럼, 선생님이 느낀 바를 말할게. 아니면 아니라고 말해. 정가가 들어도 괜찮지?"

"예."

"선생님이 느끼기에, '어, 쟤가 우리가 놀아 주지도 않는데 다른 아이랑 노네? 신기하네?' 하는 느낌."

"예, 맞아요."

"어, 나보다 힘이 약한 녀석이 다른 아이들과 어울려 놀 줄 아네? 매일 놀아 달라고 쫓아다니던 녀석이? 감히 내 허락도 받지 않고?' 이런 느낌."

조금 망설였지만 이가는 마음을 들킨 것처럼 다소 움찔했다. 멋쩍다는 듯이 작은 목소리로 그렇다고 말했다.

이후 진행된 상담 내용보다는 이가가 보여 준 행동 패턴을 말하고 싶다. 이가는 세상을 힘의 논리로 보고, 힘을 갖길 원한다. 이것은 물리적으로 힘이 센 것뿐만 아니라 또래 관계에서 남을 지배하고자 하는 힘, 집단에서 우위를 차지하고 인정받고자 하는 욕구다. 이가뿐만 아니라 다른 아이들도 나름의 방식으로 자신들의 세계에서 힘을 얻기 위해 노력한다. 머리 좋은 아이들은 다른 친구들을 조종하고 자기가 바라는 대로 행동하도록 하면서 힘을 얻고자 한다. 힘이 센 아이들은 손쉽게 물리적인 힘으로 타인을 조종하려고도 한다. 상대와 직접 겨루지는 않지만 더 좋은 성적, 재능, 지능, 친구 관계 등 어떤 분야에서든 우위에 서고 싶어 한다.

어떤 '힘(power)'을 가지고 싶은지는 아이들마다 다르겠지만, 결국 자신이 속한 집단에서 무엇인가로 우위를 차지하고 싶은 마음은 같다. 이것은 모든 인간의 기본 욕구다. 이것을 비난하는 것보다는 인정하는 것이 중요하다. 힘에 대한 동기가 높은 아이들은 주로 성취 욕구가 높은데, 그런 태도가 분명 긍정적인 면도 있기 때문이다.

인정과 힘, 친밀감 같은 인간의 기본적인 욕구는 결국 '관계'에서 비롯되고 강화된다. 태어나면서 맺는, 아니 태어나기 전부터 맺게 되는 다양한 관계 속에서 우리는 기본 욕구를 이루고자 하는 다양한 시도들을 한다.

이 관계는 사회적 '역할'을 맡으며 형성되고 유지, 강화되며 단절된다. 이 역할이 건강한 역할이건 그렇지 않건, 다양한 관계 속에서 물리적으로 심리적으로 암묵적으로 우리는 다양한 역할들을 맡는다. 그리고 이 역할들을 수행하며 평생을 살아간다. 어릴 적 주 양육자와 맺는 관계를 시작으로 아이들은 가족이라는 울타리 안에서 자기에게 주어진 역할을 갖게 되고, 학교에 입학하면서 학생으로서의 역할, 친구로서의 역할도 맡게 된다. 결국 교육의 목적처럼 사회 공동체 안에서 건전한 민주시민으로서의 역할까지 확대된다. 어른이 된다는 것은 다양한 역할들을 수행하며 자신의 책임을 짊어지는 것일지도 모른다.

문제는 이렇게 점점 넓어지고 복잡해지는 물리적인 역할만이 아니다. 우리가 주목해야 할 것은 '심리적인 역할'이다. 한 아이가 태어나서 딸이나 아들, 형이나 누나 또는 동생이라는 물리적인 역할 안에 가족 관계에서 겪게 되는 보이지 않는 역할이 있다. 가장 흔하게는 태어난 순서에 따라 부여되는 심리적인 기대 역할이 다르다.

존 브래드쇼(John Bradshaw)의 '가족 체계 이론'에 따르면, 태어난 순서에 따라 아이는 다른 역할을 담당한다. 첫째는 가족의 페르소나를 담당한다. 가족의 면을 세우는 역할을 하는 것이다. 따라서 부모의 기대와 요구를 수용하며 성취를 이루어가는데 심리적으로 아버지와 같은 역할을 한다. 쉽게 풀이하자면, 첫째는 집안을 일으켜 세우는 역할로 어릴 때부터 '네가 잘되어야 동생들도 잘된다'는 막중한 기대와 책임을 떠안는다. 그래서인지 하버드대에 다니는 학생들 중 상당수가 첫

째다. 의무만큼 (원하든 원하지 않든) 가족들에게 전폭적인 지지와 다양한 혜택을 누린 결과일지도 모른다. 둘째 아이는 페르소나 뒤의 무의식을 담당한다. 부모가 인식하지 못하는 감정을 물려받으며 심리적으로 엄마와 연합한다. 머리와 가슴을 통합하는 특별한 감수성과 언어 재능을 가지고 있는 경우가 많다고 한다. 첫째보다 가족의 기대와 의무로부터 자유롭고 독립적이라 첫째에 비해 모험심도 높은 편이다. 셋째는 아버지와 같은 첫째, 어머니와 같은 둘째보다는 무심하지만 누구보다 예민하게 부모를 의식한다. 특히 관계 맺기에 주력하는 위치에 있다고 하는데, 내리사랑으로 사랑과 돌봄을 무한히 받는 위치인지라 조금은 버릇없거나 의존적인 가족 구성원으로 자랄 가능성이 많다. 넷째는 화합과 평화를 지향하는 특성이 있다. 집안의 막내로서 마스코트가 되지만, 이런 무의식적 역할 속에서 희생양이 될 수도 있다고 한다. 다섯째부터는 다시 첫째 아이의 특성을 보인다.

출생 순서에 따른 이러한 특성들은 관계에서 주어지는 무의식적 역할들이다. 아울러 이러한 관계가 더욱 복잡하게 작용하면서 역기능적인 역할을 취할 수도 있다. 엄마나 아빠가 부재한 상황에서 한쪽 부모의 역할을 대신하며 '부모화'된 아이는 아동기를 잃어버린 애어른으로 성장할 수도 있다. 이런 역할을 부여받은 아이들은 '잃어버린 어린 시절'로 평생을 살아가게 된다. 심지어 가족 체계 이론에 따르면 아이가 문제 행동을 보이는 것은 역기능적인 가족을 유지시키는 역할을 한다. 곧, 이 아이가 문제 행동을 일으킴으로써 불화가 잦은 아버지와 어머니의 갈등 관계를 완화하고, 교류가 없는 가족들이 그나마 대화라도 하게 만든다는 것이다. 이런 역할은 무의식적으로 주어지고 이 아이가 결국 역기능적 가족을 유지시키는 희생양(IP, Index person, identified person)이 된다.

마찬가지로 학교에서도 아이들은 학교, 학년, 학급에 맞는 물리적인 역할들뿐만 아니라 그 이상의 숨겨진 역할들을 맡으며 생활한다. 인기 있는 아이와 평범한 아이, 인기 없는 아이, 따돌려지는 아이, 혐오의 대상이 되는 아이(찌질이, 폭탄 등 아이들은 다양한 말로 지칭한다) 들이 있다. 대하기가 만만한 아이, 대하기 어려운 아이도 있다. 심지어 학급 내에 계층과 서열이 매겨지기도 한다. 몇 년 전 아이들 사이에서 스마트폰으로 서로를 계층화하는 경우도 알려진 적이 있다. 최신 스마트폰을 가진 간지나는 아이와 2G폰이나 들고 다니는 아이라며 따돌려지는 경우도 보았다. 아이들의 이런 행태를 '못된 녀석들'이라며 개탄할 수도 있다.

하지만 쉽게 생각하면 왠지 같이 있고 싶은 사람과 함께 있으면 불편한 사람, 거부감이 드는 사람으로 범주화하는 마음은 누구든지 있을 것이다. 아이들 사이에서도 다르지 않으며, 다만 그러한 마음을 잘 숨기거나 이성적으로 대처하는 어른들과 달리 아이들은 그대로 드러낸다는 것에 차이가 있지 않을까 싶다. 아울러 사람을 등급으로 나누고 함부로 대하는 졸부들의 행태나, 자본주의 사회에서 최신의 것을 갖지 못한 사람들을 한심하게 바라보며 더 좋은 물건을 구매하도록 자극하는 사회 분위기도 영향을 미칠 수밖에 없다. 여학생들 중에 비싼 명품 옷이나 신발을 사기 위해 악착같이 아르바이트를 하면서 학교에서는 꾸벅꾸벅 조는 아이들도 있다. 더 심각하게는 원조교제로 쉽게 돈을 벌어 명품을 사거나 유흥비로 쓰는 학생들도 있다는 보고들은 한 명의 어른으로서 좌절스럽다. 자본주의 사회에서 힘을 갖는다는 것, 결국 돈이고 물질이라는 생각이 아이들 사회에서도 팽배한 느낌을 지울 수 없다. 물건으로 힘을 얻고자 하는 아이들의 행태가 어른 못지않은 현실이다. 그리고 이 세태는 곧 우리 어른들의 모습이다.

소위 잘 노는 아이들, 비행청소년들과 상담을 하면서 아이들이 자신들 세계의 서열을 말하는 것을 들은 적이 있다. 한때 조폭 영화가 유행하면서 넘버 1, 2, 3로 서열화하는 것을 공공연하게 보여 준 것이 어른들인데 새삼 아이들만 탓할 일은 아니다. 내가 만난 비행청소년들이 말하길 일진, 이진, 삼진이 있고 그들을 따르는 똘마니가 있다고 한다. 같은 비행청소년이라도 따돌려지는 아이들이 있는데 그들을 양아치라고 부른단다. '쟤는 양아치 짓만 해' '쟤, 양아치야'는 아주 모욕적인 말이라는 것이다. '의리도 생각도 없고, 머릿속에 똥만 잔뜩 들어서 이기적이고 박쥐 같은 상종 못 할 아이'라고 정의하는 것을 보며 쓰게 웃은 적이 있다. 이 아이들 세계에서도 나름 분류를 하는구나 싶어 씁쓸한 마음이 들기도 했다.

어른들과 마찬가지로 아이들도 자신이 속한 집단에서 다양한 관계를 맺으며 나름의 위치를 차지하고 그에 맞는 역할을 수행한다. 물론 이러한 역할과 위치를 뚫고 독립적으로 생활하는 당찬 아이들도 있다. 그러나 애초에 사람들과 어울리는 것을 달가워하지 않는 성격이나 기질이 아니라면, 이 아이들도 관계에서 상처를 받고 철회된 상태거나 이를 악물고 혼자 행동하는 아이들일 가능성이 많다. 대부분 청소년 시기는 또래를 만드는 데 온 힘을 기울이고 또래 관계에서 위안을 찾으며 심지어 또래 속에서 자신의 존재감마저도 결정되는 시기다. 이렇다 보니 학교에서의 관계, 서열과 역할, 역할 수행은 아주 중요하다. 그리고 이러한 역할을 수행하면서 아이들은 나름의 위치를 인정받고, 더나아가 힘을 얻고자 한다.

힘을 얻기 위한 욕구는 누구나 있지만, 어떤 힘을 얻고자 하는지는 아이들이 접한 환경과 경험에 따라 다양하다. 이것을 가치관이라고 할 수 있다. 아울러 그 힘을 얻기 위해 어떻게 해야 하는지는 삶의 태도다. 올바른 가치관과 삶의 태도로 실천하는 인간을 길러 내는 교육의 역할이 새삼 무겁게 다가온다. 특히 교사는 아이들에게 건전한 가치관과 삶의 방식을 보여 주는 가장 큰 인생의 교본이 될 수 있음을 잊지 않아야 할 것이다. 밀레니엄 시대가 다가오면서 가장 먼저 없어질 직업이 교사라고 했지만, 2007년 다시 조사했을 때 없어져서도 안 되고 없어지지도 않을 직업군이 교사라는 반대 결과가 발표되었다. 여기서 교사는 지식 전달자로서의 교사가 아니다. 아이들이 자신의 잠재된 가능성을 발견하고 자기 인생의 주인으로서 자율적이고 행복한 삶을 살아갈 수 있는 힘을 기르도록 도와주는 멘토와 같은 존재라고 할 수 있다. 마음속에 꿈틀대는 힘의 욕구를 욕망이 아닌 잠재력이 될 수 있도록 안내해 주는, 진정한 선함의 파워를 가진 사회적 존재로 성장하도록 돕는 멘토 말이다.

에라 모르겠다
깨진 유리창의 법칙

어렸을 때 담임선생님이 해 주신 말 중에 '분홍 옷을 입은 여자' 이 야기가 지금껏 기억에 남는다. 비 오는 날 고운 분홍색 한복을 입고 잔 치에 가던 한 여자가 있었다. 우산을 쓰고 분홍 옷에 혹시나 흙탕물이 튈까 조심조심 걷던 중에 우연히 진흙물이 살짝 치마에 튀었다. 여자 는 손수건으로 급하게 치마를 닦고 더욱 신경을 써서 걸어갔지만, 찻 길 옆을 지나는지라 쉽지가 않았다. 한 번, 두 번 진흙물이 튀면서 분홍 빛 치마는 더러워지기 시작했다. 여자는 울상을 짓더니 어느 순간 '에 라 모르겠다' 조심스레 치마를 잡고 있던 손을 놓아버리고 치마를 펄 럭이며 마구 걸어갔다. 치마는 더욱 더러워지고 여자는 결국 고운 치 마를 지키고자 하는 마음을 포기하게 되었다는 이야기였다.

마음 한편에 남아 나도 아이들에게 이 이야기를 들려준 때가 있었다. 이 이야기를 받아들일 때 나는 본래 우리의 마음은 깨끗하고 고운 데 이것을 지키기 위해 노력해야 한다는 의미로 받아들였다. 아이들에 게 이 이야기를 들려주며 깨끗한 것, 올바른 것을 지키는 것은 어렵다, 특히 양심을 깨끗하게 지키는 것은 어려우니 애초에 나쁜 행동을 하지 않도록 신경 써야 한다는 것을 말하고 싶었던 것 같다. 좀 더 공부를 하면서 이 이야기가 '깨진 유리창의 법칙'과 연결된다는 것을 알게 되 었다.

깨진 유리창 이론은, 유리창 하나가 깨진 차를 방치해 두면 며칠 안 가 그 차는 폐차 지경에 이르게 된다는 실험 결과를 바탕으로 알려 졌다. 1982년에 미국의 범죄학자인 제임스 윌슨(James Q. Wilson)과 조지 켈링(George L. Kelling)이 발표한 '사회 무질서의 원인 및 대처'에 대한 이 론에서 비롯되었다. 한 가지 사소한 것이라도 방치하면 그것을 기점으 로 무질서와 범죄가 발생할 가능성이 높다는 주장이다. '100-1=99'라 는 것이 우리가 아는 산술적 사실이지만, 깨진 유리창 이론에 따르면 '100-1=0'이 된다.

이것을 학급의 생활지도에 대입해 보면, 백 가지 좋은 이벤트, 생 활지도도 사소한 한 가지를 놓치게 되면 아이들은 어느덧 경각심을 느끼지 못하고 조금씩 더 큰 규칙을 어길 수 있다는 것이다. 학교폭력 이나 괴롭힘 사건이 발생할 때, 그전에 사소한 사건들이 분명 존재했 을 것이다. 이것이 부각되어 다루어지지 않고 흐지부지 지나가버리면 서, 결국 학급의 기능이 마비되고 붕괴로 이끄는 씨앗이 될 수 있다는 것이다. 학교로 범위를 넓혀도 마찬가지다. 이것은 생활지도에서 가장 중요한 몇 가지 사항 중 '파문 효과'를 예방하기 위해 교사와 학교가 절치부심으로 세심하게 학급을 경영하고 생활지도를 위해서 노력해야 한다는 의미다. 곧, 작은 행위가 큰 행위로 번져 나가는 것을 교사가 즉각 감지하거나 인지하고 막을 수 있어야 한다는 뜻이다.

깨진 유리창의 법칙, 곧 100-1≠99 이며 100-1=0이라는 심리학적 통찰처럼, 어떤 큰 사건에는 그것을 암시하는 전조들이 있다. 그것을 예리하게 감지하는 것이 학교폭력이라는 사고를 줄이는 가장 큰 기술이다. 한 아이에 대한 문제들이 자꾸 거론될 때 그것을 면밀하게 살펴보는 성실함이 파문 효과를 예방하는 가장 큰 기술이며 태도라고 할 수 있다. 물론 용기가 필요하다. '뭐 이 정도까지 내가 챙겨야 하나?' 싶은 자신의 게으름과, '뭘 그렇게까지 해요? 적당히, 그냥 놔두면 자연스럽게 자리를 잡는데……' 하는 정의롭지 못한 사람들의 근거 없는 확신과 나태에 동조하지 않는 용기 말이다.

깨진 유리창의 법칙은 교사의 학급 경영 방식뿐만 아니라 아이들이 일상에서 보이는 태도에서도 생각해 볼 수 있다. 인간의 모든 행동은 처음부터 과감하기는 어렵다. 큰 사건을 저지르는 사람들을 보면 그 행동이 갑작스레 나온 것 같지만 사실 유사한 전조 행동을 반복했거나, 머리로 그 행동을 반복하며 시뮬레이션 했을 가능성이 있다. '바늘 도둑이 소도둑 된다'는 속담도 그렇지만, 꼬마들의 코 묻은 돈을 빼앗던 아이들이 나중에는 대담하게 강도짓을 하는 사건들도 심심치 않게 일어나지 않는가? 반복되는 작은 위법 행동이 제재를 받지 않을 때 아이들의 그릇된 행동은 점점 강화된다. 관찰하는 아이들까지도 영향을 받을 수밖에 없다.

특히 수업 중에 교실을 무법천지로 만드는 아이들의 행동을 보면 이 이론이 더욱 수긍이 간다. 교사와 실랑이를 하는 아이들이 화가 난다며 교사에게 욕을 하거나 사물함을 부수는 등의 일탈 행동을 하는 것은 어느 날 갑자기 보이는 행태가 아니다. 아이는 처음엔 짜증이 좀 났을 것이다. 참다가 그것을 어떤 방식으로든 수업 중에 슬쩍 흘려 보았는데, 교사가 알아채지 못하거나 진도 나가기 바빠서 무시했을 것이다. 어쩌면 당황스럽고 두려워서, 어떻게 처리해야 할지 막막해서 회피했을지도 모른다. 이것을 속된 말로 '간을 본다'고 하는데, 이런 행동을 그냥 넘어갈 때 아이들은 절대 고마워하지 않는다. '어, 선생님이 모르는 척하네?'라고 생각하게 되고, '해도 되는구나!' 하고 순진하게 생각할 수도 있다. 영악한 아이들은 교사의 당황스러움이나 회피를 눈치채고 강도를 더욱 높인다. 점차 강한 일탈이나 공격적인 행동을 시도한다. 예를 들어 수업에 1, 2분씩 늦게 들어오다가 5분, 10분으로 늘어난다. 공개 수업인데도 운동장에서 놀다가 20분이 지나서야 들어오는 웃지 못할 일도 있다. 이때 다른 아이들도 이 아이들의 행동을 주목하고 있다. 교사가 대처를 안 하거나 못 하는 것을 보고 처음에는 놀라지만 곧 따라 하거나 동조하는 참담한 결과를 낳는다.

이럴 때 교사는 학생의 문제 행동을 바로 지적하고 꾸중할 수 있다. 당황한 나머지 반 아이들 앞에서 학생과 언쟁을 벌이기도 하는데, 이는 현명하지 못한 대처다. 아이가 자신의 자존심을 지키기 위해 더 강한 행동으로 후폭풍을 가져올 수 있기 때문이다.

수업이 끝나고 둘만의 공간에서 이야기를 나누는 것이 가장 바람직한 대응이다. 문제가 심각할 때는 부모와 아이, 교사가 함께 만나서 아이의 행동에 대한 우려를 부모에게도 전달해야 한다. 변화의 주체, 책임의 주체를 분명히 하며 대화를 하고 경계를 세워야 한다. 아니면 그런 행동을 보이는 아이들에 대한 전반적인 행동을 반 아이들 모두에게 말하고(아이를 지목하라는 것은 아니다) 그런 행동을 막을 방법을 함께 의논하는 자치 회의를 열어도 좋을 것이다. 어떤 방법으로든 교사는 아이들의 일탈 행동에 개입을 해야 한다. 그렇지 않으면 학급은 깨진 유리창이 있는 자동차처럼 머지않아 붕괴되고 만다.

더욱 문제가 되는 것은, 인간의 내부에서도 공격적인 행동들이 '시뮬레이션' 되며 현실에서 일탈 행위가 실행될 수 있다는 점이다. 어떤 행동을 이미지화하고 그것을 머릿속에서 계속 연습하는 것이다. 보통 운동선수들이 이미지트레이닝으로 자신감을 얻고 실전에서 완벽하게 해낼 수 있도록 머릿속에서 연습 또 연습을 하는 것과 같다. 부정적인 사건이라는 점이 다를 뿐이다. '내가 쟤를 꼭 죽여버릴 거야'라는 분노에서 '내가 쟤를 ○○○한 방법으로 죽이겠어'로 구체화가 되고(이때 관련 영상들이 이미지화에 큰 역할을 할 수 있다) 매뉴얼처럼 단계를 구성한다. 이 단계를 조금씩 수정해가면서 서서히 확정된다. 어느덧 반복되는 머릿속 상상은 '해야만 하는' 강박으로 이어진다.

2004년 일본의 나가사키 사세보 시에서 6학년 여학생이 학교에서 친구를 커터 칼로 찔러 죽이고 시체를 굴욕적으로 다루기까지 한 사건이 대표적이다. 이 사건의 요인을 아이 개인의 문제, 환경의 문제, 사회

구조적인 문제 등 다각도에서 살펴볼 수 있을 것이다. 그러나 앞에서 제시한 것처럼 인간이 너무 분에 못 이길 때 상상만 하는 행위를 실행에 옮길 수 있는 것은 '강력한 자기 암시'에 의한 이미지트레이닝의 결과일 수 있다. 같은 반 친구다 보니 한두 번 부딪힌 적은 있을 것이다. 사소한 갈등을 머릿속에 담아 두고 있다가, 일상생활에서 다른 소소한 스트레스가 쌓인 상황에서 어느 순간 그 감정을 한 친구에게 투사한다. 어느덧 그 친구가 자신이 겪는 모든 어려움의 원천인 듯 감정을 쏟게 되는데, 이 투사의 방법은 그 친구를 물리적으로나 심리적으로 괴롭히는 것이다. 조금 서운했을 뿐인데 천하에 둘도 없는 원수처럼 대한다.

사세보 시의 이 여학생은 성격이 매우 조용했고 겉으로 공격성을 드러내지 않았다고 한다. 매우 자극적이고 폭력적인 미디어(〈배틀 로얄〉: 중학생들이 전투실험 대상이 되어 살아남기 위해 서로를 죽이는 애니메이션)에 반복적으로 노출되면서 섬세하게 살인의 방법을 배웠을 것이다. 동급생 살인을 시뮬레이션 하고 스트레스가 쌓일 때마다 고립된 채 그 생각을 반복하면서 더 이상 상상만으로 그칠 수 없는 극한에 이르렀을 것이다.

이 아이가 이런 강박적인 살인 행위에서 벗어날 수 있는 방법은 무엇일까?

보통의 사람들도 잔인한 상상을 가끔 하기도 한다. 하지만 친구나 가족과 원만하게 지내거나 심리적으로 환기가 되는 기회가 종종 있어서 실제 일을 저지르는 단계까지 가지는 않는다. '죽이고 싶어'가 '죽일 수 있어'에서 '죽여야 한다' '지금 죽인다!'로 진행되는 과정에서 긍정적인 보호 요인이 작용했다면 이런 끔찍한 일은 일어나지 않았을 것이다. 따라서 심리적인 환기와 더불어 아이가 놓인 상황을 이해하고 대화하는 것, 상담을 자주 하면서 아이를 관찰하고 감지하는 것, 그래서 '에라 모르겠다'는 무의식적인 자포자기가 의식에 영향을 미치지 않도록 해야 할 것이다.

보호관찰소에서 만난 한 여학생과 상담을 하다가 진지하게 물어본 적이 있다.

"내가 초등학교 아이들을 가르치거든. 네 경험으로 봤을 때, 아이가 어떤 행동을 할 때 막아야 하니?"

질문에 아이는 심드렁하게 핵심을 이야기해 주었다.

"제 경험으로는 조금씩 늦게 들어오기 시작할 때 잡아야 해요. 외박하면 이미 끝난 거구요."

아이들은 집이 답답해서, 학업 스트레스가 많아서, 미래에 대한 불안 때문에, 여러 가지 압박감으로 일탈을 꿈꿀 수도 있다. 한두 번 친구들과 놀이터나 피시방에서 어울려 놀면서 재미를 느끼고, 집에 가는 시간이 점점 늦어진다. 겉으로는 노는 게 좋아서라고 하지만 분명 이유가 있을 것이다. 조금씩 귀가 시간이 늦어지고 학원 대신 피시방, 노래방, 찜질방 같은 곳에서 긴 시간 친구들과 어울리며 일상생활에 지장이 생긴다는 낌새가 보일 때 적극 개입을 해야 한다. 보호관찰소 여학생의 말처럼 아이가 어느 날 갑자기 외박을 하는 것이 아니다. 어느 날 갑자기 가출을 하는 것이 아니다. 그전에 있었던 전조 행동들을 놓친 것이 문제의 시작이었을 것이다. 따라서 전조 행동이 나타날 때 잔소리나 일방적인 훈계가 아닌, 이해로 시작하는 대화와 상담이 이루어져야 할 것이다. 그것도 작은 불씨가 시작되는 지점에서부터 말이다.

'에라 모르겠다' 하고 자신의 신념, 가치관 들을 버리는 아이들의 행동에 눈감지 말고, 어른으로서 진심으로 아이를 걱정하고 있다는 감정을 전달하는 것에서 시작해야 할 것이다.

물론 안타까운 일이지만, 아이를 위한 내 분투에 가까운 노력이 허망하게 끝날 때도 있다. 그래서 한동안 우울감에 빠지기도 한다. 내 능력이 보잘것없어서, 또 아이가 잘못된 선택을 하지 못하도록 하는 데 내가 별 도움이 되지 못했다는 자책감에 힘들기도 하다. 하지만 난 신이 아니기에 내 진심과 최선 이후에 선택은 아이에게 달렸음을 깨닫는다. 그래서 살면서 겸손해지는 것 같다.

안 할 수 없었어요

동조하는 이유

"친구들과 같이 그런 일을 한 이유가 뭐지?"

학교에서 아이들의 생활지도나 상담을 하면서 자주 하는 질문이다. 특히 집단으로 문제 행동을 한 아이들에게 하게 되고 할 수밖에 없는 질문이다. 학교에서는 주로 공부 시간에 함께 늦게 들어온다든지, 한 아이를 괴롭힌다든지, 담배를 피우게 된 이유 수준에서 물어보게 된다. 그러나 보호관찰소 아이들에게는 가볍게 물어보는 것이 흡연 문제고, 크게는 함께 절도를 하게 된 까닭, 더 심각하게는 함께 강간에 동참한 이유를 묻는 경우도 있다.

이 아이들이 공통으로 하는 말은 "안 할 수 없었어요"이다. 잘못인 줄 알고 책임이 따르며 그 상황에서 도망치고 싶었지만, 안 할 수 없었다는 것이다.

"그래야만 해요"

예전에 버스표나 토큰을 파는 가판점이 있었다. 남학생 몇 명이 유흥비를 마련하기 위해 토큰 박스를 훔쳤는데, 보호관찰소에서 만난 남학생은 친구들과 함께 공범자로 체포되어 보호처분을 받았다. 맡은 역할은 망을 보는 것이었다. 아이의 집안이 꽤 사는 집이라서 궁금해서 물었다.

"너는 집이 그리 어렵지 않은 것 같은데 토큰 박스를 훔치는 게 최선이었니? 힘든 분들의 돈인데, 차라리 부모님께 용돈을 달라고 했으면 이런 일이 없었을 텐데……."

"친구들이 털자는데, 그냥 어느 순간 역할이 주어졌어요. 그나마 제가 좀 두려워하니까 망을 보게 해 준 거예요. 거부할 수가 없어요. 친구니까, 안 할 수 없어요."

"그럼, 담배를 자주 피운다고 했는데, 담배 맛이 좋아서 피우나?"

"사실 저는 폐까지 들어가지 않게 입으로만 피우려고 노력해요. 몸에 안 좋은 거 아니까. 그런데 친구들이 모이면 자연스럽게 담배를 나눠 피우고, 그게 '우리는 하나'라는 의식 같은 거예요. 안 피울 수 없는 분위기라서 피워야 해요. 솔직히 피우고 싶지 않을 때도요. 그냥…… 안 할 수 없어요. 그래야만 해요."

알 수 없는 압박감에 할 수밖에 없었다는 것이다. 이럴 때 우리 어른들은 나무라듯 말한다.

"그래도, 그게 사람이 할 짓이니? 너는 생각이 없니?"

더 심하게는 이렇게 몰아붙일 수도 있다.

"다 핑계지 뭐. 할 수밖에 없었다니, 말이 되니? 너는 걔들이 죽자고 하면 따라 죽을 거야?"

하지만 똑똑하다는 어른들도 집단 압력에 복종하는 경우를 종종 본다. 애쉬(Solomin Asch)의 '동조 실험'이 이러한 인간의 특성을 보여 준다.

제시된 선과 같은 선을 찾는 너무나 단순한 실험 과제가 있다. 실험실에 들어선 여섯 명 중 한 명만 빼고 나머지가 미리 짜고 답이 아닌 한 가지를 답이라고 말한다. 아무렇지 않게, 당연하다는 듯이 오답을 정답이라고 한목소리로 말한다. 실험 대상인 한 명은 당황하면서 안경을 고쳐 쓰고 과제를 다시 보다가 주변 사람들의 표정과 반응을 살피며 어쩔 줄 몰라 한다. 아무리 봐도 틀린 답을 답이라고 말하는 다섯 명을 어이없이 바라보다가 집단 압력을 이기지 못하고 우물대며 그들의 의견에 따른다. 혼자라면 99퍼센트 이상이 맞히는 너무나 쉬운 문제인데, 이러한 실험 상황에서 오답률이 36.8퍼센트에 달했다. 틀린 답인 줄 알면서도 집단 압력에 못 이겨 틀린 답을 정답이라고 말하는 '동조 현상'이다.

집단의 보이지 않는 압력에 소신 있게 대처할 수 있는 사람이 몇이나 될까? 권위적인 사회일수록 집단 압력이 개인에게 미치는 영향은 더욱 크다. 후속 실험에서는 지지자가 한 명이라도 있으면 오답률이 4분의 1로 떨어지고, 심지어는 정답을 말하는 확률이 급격히 높아졌다는 결과도 있다.

역사적으로도 이러한 집단 압력에 의해 소신을 지키지 못한 경우를 종종 본다. 대규모의 비인간적인 집단 폭력(일방적인 전쟁을 포함한 학살, 인종 청소, KKK단 같은 인종차별주의자들의 공격)은 지금도 계속되고 있다. 이런 상황에서 상식을 가진 사람이라면 양심과 인류 보편적인 정의감으로 반대하는 것이 당연해 보이는데, 현실에서는 대다수가 그렇지 못하다는 것은 비극이다.

이러한 비극은 교실에서도 일어나고 있다. 분명 이유 없이 괴롭힘을 당하는 친구가 있는데 그것을 막기 위해 적극적으로 나서는 아이들이 어떤 이유로건 적어지고 있다. 참다못해 "그만해" 하고 말을 던져 보지만, 동조자가 한 명도 없는 상황에서 정의를 가진 아이는 가해학생에게 비웃음과 협박을 당하기도 한다. 연구에 따르면 가해학생들은 자신이 누군가를 괴롭히는 행동을 했을 때 주변 아이들이 침묵을 지키면 자신을 지지하는 것으로 느낀다고 한다. 잘못된 자의식까지 더해져서 보란 듯이 더 큰 가해 행동을 쇼처럼 보여 주려고 한다. 다수는 두려워서 또는 귀찮아서 가만히 있었다고 하겠지만, 다수의 침묵이 가해학생에게는 '동조'로 받아들여지고 실제 가해 행동을 강화하는 원인이 된다. "최대의 악은 선하다고 자부하는 귀찮은 다수에 의해 탄생한다."

그렇다면 이러한 동조는 왜 일어날까? 인간의 본성이라고 하기에는 너무 두루뭉술하고, 본성을 보다 구체화한 매슬로우(Abraham Maslow)의 '욕구 위계 이론'에서 그 원인을 찾아볼 수 있을 것 같다. 매슬로우는 독일의 인종 청소 대상이었던 유대인이기도 했는데, 그가 제시한 인간의 욕구 위계 이론을 들여다보면 왜 인간이 소신을 지키지 못하는지 이해가 된다.

인간의 욕구는 결핍 욕구와 성장 욕구가 있다. 성장 욕구에 비해 결핍 욕구는 즉각적이고 해소가 되면 사라지지만 빈번하게 일어나는 본능적인 욕구다. 생존, 안전, 소속, 자기 존중의 욕구는 우리가 인간인 이상 늘 따라다닐 수밖에 없는 욕구다. 이에 비해 자아실현, 심미적, 인지적 욕구처럼 내가 옳다고 판단한 대로 진실을 위해 행동하는 것은 일종의 성장 욕구인데, 이 욕구에 따라 정의롭게 행동하는 과정에서 직업을 잃어 생계가 막막해지거나 타인들의 공격으로 안전에 위협을 받는 상황에서는 소신을 지킨다는 것이 어렵다. 생존이나 안전에 대한 직접적인 위협은 없더라도, 내가 속한 집단에서 직접 또는 간접적으로 소외되는 상황이라면 사랑과 수용의 원천인 소속감의 욕구를 거스르기는 어렵다. 내가 속한 곳에서 내 지위가 박탈되고 역할을 빼앗기며 자존감이 무너지는 상황에서는 더욱 그러하다. 웬만한 정신력이 아니고서는 결핍 욕구가 위협당하는데 버틸 수 없을 것이다.

앞에서 제시했던 '쉴드를 원한다'는 아이들의 절규는 안전 및 소속감과 관계가 있다. 특히 가족 이외의 타인들과 사회적 대인 관계를 처음 맺기 시작하는 학교에서 안전한 친구 관계를 유지하는 것은 아이들에게 큰 과제다. 아이들은 어렵게 만든, 또는 갈등을 겪으면서 어렵게 유지하고 있는 친구들의 울타리에서 쫓겨나지 않기 위해 몸부림치고 있다. 다소 거칠지만 막강한 그룹에 속해 호가호위를 누리는 것이 학교생활을 하는 데 편하다는 것을 알기에, 많은 아이들이 교사들의 부정적인 시선을 받더라도 '불량 서클'에 속해 있는 것이다. 이런 극단적인 소속감이 아니더라도 학생들과 생활하다 보면, 어느 순간부터 친구가 많고 활발했던 아이가 갑자기 맥없이 지내거나 성적이 떨어지는 경우를 본다. 집안에 아무 일이 없는데 짜증을 많이 내거나 쉽게 우울해하고 시무룩하게 지내는 경우, 대부분 친구 관계에서 문제가 발생했을 때다. 이것이 매슬로우가 말하는 소속감의 욕구와 관계가 깊다.

학교에서 요구하는 '학업에 충실하고 지적인 즐거움과 배움의 즐거움'을 누리는 것은 사실 결핍 욕구가 아닌 성장 욕구다. 생존, 안전, 소속, 자존감이 무너지는 상황에서 어른들이 지적인 성취를 강요하는 것은 정서적인 학대가 될 수 있다. 배움에 충실하고 자신의 정체성을 찾아 실현하고자 하는 것은, 아이들 개개인의 결핍 욕구가 어느 정도 충족되어야 가능하다. 더구나 청소년기는 그 어느 때보다 소속감의 욕구, 또래 관계에서의 승인을 통한 자기 존중의 욕구가 강하기 때문에 아이들에게 이를 뛰어넘는 '소신'을 지키도록 종용하는 것이 과연 가능한지 생각해 볼 문제다.

무엇보다 "아무리 친구들이 그렇게 한다고 너마저 그 친구를 그렇게 따돌리고 괴롭히면 되겠니?" 하고 도덕적으로 비난하기 전에 이해부터 해야 한다. "네가 그 아이에게 잘 대해 주면 친구들이 너를 따돌릴까 봐 걱정돼서 그렇게 했겠지" 하며 처지를 이해해 주는 것이 먼저일 것이다. 따돌리고 괴롭히는 행위를 결코 인정하는 것은 아니다. 다만, 집단으로 괴롭히거나 따돌리는 행동을 한 아이들 가운데 '동조자'들이 그럴 수밖에 없는 이유를 인성이 못돼서라고 비난하기 전에 결핍 욕구가 작용해서 그러했음을 이해할 필요가 있다.

'동조 이론'이 집단의 압력에 의한 인간의 나약함을 보여 준다면, 스탠리 밀그램(Stanley Milgram)의 '복종 실험'은 권위의 압력에 의한 인간의 비극적인 나약함을 보여 준다.

복종 실험은 인간의 도덕성이 권위의 압력에 의해 얼마든지 무너질 수도 있음을 보여 주고 있다. 이 실험은 '체벌이 암기 학습에 유효한가'를 보는 실험이라고 알리고 사람들을 선발한 다음 체벌을 가하는 (여기서는 전기 충격) 역할을 맡긴 뒤에, 과연 그 역할에 얼마나 잘 따르는지를 보는 것이었다. 퀴즈 문제는 '감독자'가 내고 '학생' 역할을 맡은 사람은 '교사' 역할을 맡은 피실험자가 눈치채지 못하게 전기 충격을 받은 것처럼 연기하는 것이다. 이 실험에서 정말 알고자 했던 것은 교사 역할을 맡은 사람 중에서 최저 15볼트에서 최대 450볼트까지 감독자의 지시대로 다 누르는 사람이 몇이나 되겠느냐는 의문이었다. 지극히 상식적이고 양심적인 사람들이 비양심적인 행위를 강요당하는 상황에서 권위자의 명령에 얼마나 복종하는지를 보고자 한 것이다.

대부분의 심리학자들은 3퍼센트 미만일 거라고 예측했다. 그러나 실험 결과는 충격적이게도 65퍼센트가 450볼트까지 눌렀다. 심지어 300볼트까지는 전기 충격기를 누르는 것을 포기한 사람이 아무도 없었다. 물론 즐겁게 누른 사람은 한 명도 없었다. 모두들 보통 이상의 인지적 도덕성을 가진 사람들이었다. '계속해라, 당신이 계속해야 실험이 가능하다, 당신이 계속하는 것이 절대적으로 중요하다, 다른 선택은 없다'는 감독자의 단호한 지시, 나 때문에 실험을 망칠 것이라는 압박감에 비인간적이라는 것을 알면서도 명령을 따르고 만 것이다. 물론 대부분은 450볼트에서 못 하겠다고 큰 소리로 주장하거나 울거나 히스테릭하게 웃고 경기까지 일으키며 심한 갈등이 행동으로 나타났다. 그러나 그런 행동 속에서도 양심을 지키고 잔인한 실험을 거부한 사람은 35퍼센트에 불과했다.

스탠리 밀그램은 전쟁을 겪으며 인간성의 상실에 대해 깊이 고민했다. 이성적이고 평소에 양심적으로까지 느껴지는 사람들이 왜 홀로코스트와 같은 비도덕적인 행동을 하는지 그 원인을 밝히고 싶어 했다. 그가 기획한 이 실험은 인지적으로 도덕적 판단력이 중간 이상으로 진단된 사람들도(물론 자기 보고식 평가긴 했지만) 교사나 부모, 국가 기관과 같은 '권위적인 존재들의 압력'에 '복종'하게 된다는 우울한 결과를 알려 준다. 밀그램은 개인의 성품, 도덕적 판단력이 어떠한가 하는 '개인 요인'보다는 그가 어떤 '상황'에 놓이느냐, 어떤 사회에 속해 있느냐가 인간의 행동을 결정하는 데 더 큰 영향을 미친다고 말한다. 정의롭지 못한 일인 것을 느끼고 혼란스러워하면서도 권위자의 지시에 어쩔 수 없이 따른다는 것이다.

이 실험에서 더욱 놀라운 것은 참가자가 양심적일수록(도덕적 판단력이 높았던) 피해자에게 가한 전기 충격의 강도가 높다는 것, 곧 양심적일수록 권위에 복종하기 쉽다는 사실이다. 친절하고 순리대로 움직일 줄 아는 사람들, 상냥하고 사회적 관계가 좋다고 평가되는 사람들이 오히려 자신이 속한 집단에 불복종하는 것을 어려워한다. 어찌 보면 가장 친절하고 사회적인 사람들이 가장 무서운 집단 학살자나 사형 집행인, 고문관이 될 수도 있다. 사회적인 역할에 대한 책임감이 강한 사람들 말이다. 이런 책임감이 우리가 기본으로 가지고 있으리라 암묵적으로 인정하는 '인간의 감정'이나 '공감'이 없는 경우에는 '대의'라는 명분하에 생명을 스스럼없이 죽이는 비극을 가져오기도 한다.

여기서 '권위자'는 부모나 교사가 될 수도 있지만 또래일 수도 있다. 지능이 높아서 또래들의 감정을 인지적으로 잘 읽어 내는 아이가 자신의 지능을 활용해 또래들을 괴롭힘의 동력으로 활용하는 경우다. 이런 아이들이 또래들에게 죄책감이 덜 들게 하는 다양한 명분과 핑곗거리를 생각해 내어 괴롭히는 행동을 자신 있게 하는 길을 터 준다. 지능뿐만 아니라 물리적인 힘이 강한 아이들, 싸움을 잘하는 아이들, 성적 좋은 아이들이 또래 사이에서 떠받들리거나 감독자의 존재로 군림하며 폭력적인 학급 분위기를 형성할 수 있다는 것이다. 이런 카리스마를 가진 아이들에게는 따르는 세력이 있어서, 주변 아이들에 대한 정보도 꿰뚫고 있으며 위협과 회유도 가능하다. 추종자들에게 둘러싸여 있는 이 아이들의 권위에 도전한다는 것은 학급에서 멍석말이를 당하는 것과 똑같은 처지가 될 것이다. 마을의 규약을 어겨 멍석말이를 당하고 동구 밖으로 내쳐지는 처참한 상황에 놓일 수 있다. 이런 심리적인 멍석말이가 두려워서 아이들은 정의에 침묵하고 눈을 감는다. 그리고 이러한 따돌림의 대상은 교사가 될 수도 있다.

교사를 따돌린 공모자와 추종자들

내가 둘째를 낳고 산가가 끝난 후 학교에 다시 왔을 때다. 4월에 복직을 했는데 6학년 부장이 되었다. 한 달간 아이들은 이미 유대감이 조성되어 있고 암묵적인 규칙이 만들어져 있으며 권력 구도가 잡혀 있었다. 더구나 아이들 대부분은 주변 아파트 단지에서 6년 이상 함께 지내 온지라 이런 구도는 쉽사리 깨지지 않는 듯했다. 6학년이라는 특성도 있겠지만 유달리 아이들이 마음을 열지 않아 스트레스가 많았다. 솔직히 새로 온 젊고 활발한 선생님과 반 이름까지 짓고 즐겁게 지냈는데, 갑자기 나이 든 선생님이 와서 이렇다 저렇다 하니 싫을 수도 있겠다 싶었다.

그런 와중에 5월 어린이날 기념으로 반 계주 대표 선수를 뽑아야 했다.

"계주 대표를 뽑아야 하는데……."

그러자 성정이 좀 거친 동수가 대꾸를 한다.

"우리 반은 남자는 찬혁이, 여자는 소연이가 제일 잘 달려요. 해마다 그래 왔는데요? 하나마나인데 그냥 축구나 하지."

내 성격 특유의 정의감이 발동하면서 나도 의견을 냈다.

"그래? 해마다 그래 왔겠지만 올해는 다른 사람에게 기회가 갈 수도 있는 거 아닐까? 길고 짧은 건 소문이 아닌 실력으로 대보아야겠지?"

체육 시간이 되어 네 명씩 달리도록 했다. 먼저 여학생들이 달리고 이어서 남학생들이 달렸다. 그런데 갑자기 남학생 넷이서 손을 잡고 달리기 시작했다. 나는 소리를 지르는 대신 아이들이 도착하자마자 "이리 와!" 하고 불러서는 가만히 바라보았다. 실실 웃으며 나를 힐끔

힐끔 쳐다보는 표정에 순간 아찔함을 느꼈지만, 침묵의 분위기 속에서 아이들은 다행히 고개를 숙였다. 여자아이들도 어이가 없어 하며 어떻게 해결될 것인지 지켜보았다. 손을 잡고 달린 아이들 속에는 달릴 필요가 없다며 찬혁이를 편들고 감싸는 추종자 동수와 추종을 받는 찬혁이가 함께 있었다.

"이렇게 달린 이유가 뭐지? 그 이유는 이따가 들어 보고, 다시 달려야겠지? 이건 공정하게 뽑아야 하는 거니까."

다시 자리를 배치하고 남학생들만 달리도록 해서 간신히 계주 선수를 뽑았다. 너무 모범적이고 아는 게 많아서 은근히 왕따를 당하는 선우와 추종을 받는 찬혁이가 막상막하로 들어왔다. 아이들과 의논해 한 명은 5월 체육대회에, 또 한 명은 다음 가을 운동회 때 대표로 나가는 게 공정하겠다는 결론을 내었다.

그날 오후에 추종을 받는 찬혁이와 적극적인 추종자 동수 외에 같이 달린 두 명을 불러 물어보았다.

"너희들이 자발적으로 같이 손잡고 달린 거니? 그렇게 친한가 보네?"

"그건 아니구요. 동수가 선생님이 쓸데없는 짓 한다면서 선생님 골탕 먹이자고 했어요."

"그래…… 결국 같이 달린 공모자들이네."

"처음에는 말뿐인 줄 알았어요. 그런데 출발선에 섰는데 손을 잡아서, 그냥 달리게 됐어요. 재미도 있었구요."

"그래? 평소에도 너희들은 동수가 시키는 대로 하는 것 같던데. 동수는 찬혁이를 따르는 거 같고."

"찬혁이가 전교 회장이고 축구도 잘하고 공부도 잘하고, 뭐 그러니까 동수가 옆에 다니면서 잘난 척해요. 사실 걔가 자기 뜻대로 따라 주지 않으면 막 욕하고 찐따 줘요. 그리고 동수가 공부는 못하지만 축구를 잘해서, 경기 있을 때 누구를 끼워 주고 빼는지 걔가 결정하거든요. 그래서 말을 들을 수밖에 없어요. 우리는 축구를 못 하거나 빠지면 제일 비참해요."

결국 찬혁이의 추종자인 동수가 축구 참가자를 구성하는데 거기서 빠지지 않고자, 올바른 일이 아닌 줄 알면서도 동수가 지시하는 일에 동조하고 따랐던 것이다.

교사가 학급을 통제할 수 없게 되는 학급 붕괴는 이렇게 시작된다. 적극적인 행동파와 그 행동을 따르는 추종자들, 두려움에 그 추종자를 따르는 다수의 방관자들. 결국 다수의 직접 또는 간접적인 동조자들에 의해 정의는 무너진다.

교사는 학급 내 집단 역동에 대해 예리한 판단력을 가지고 있어야 한다. 아이들이 스스로 구성한 위계 속에서 희생자가 나올 수밖에 없고, 그 위계를 유지하고자 잘못된 유대감과 소속감을 부추기는 아이들이 있기 때문이다. 집단에 대한 소속감이 높을 때 고립된 타인에 대한 공격성은 더욱 커진다. 내 경우는 갑자기 나타난 나에 대한 경계심을 부추기며 교사를 방해하는 사건이 체육 시간에 일어난 것이다. 집단이 규정한 한 개인을 괴롭힘으로써 상호 결속력이 더욱 강해지기도 하며,

더러는 잔인하고 통제 불가능한 폭력을 일으키기도 한다. 따라서 교사는 학급 내의 '하위 집단'을 파악하고 대처해야 한다. 더 신경 써서 지도해야 할 것은 '폭력은 어떤 경우든 인정받을 수 없다'는 인식과 서로를 이해하고 존중하는 학급 풍토를 만드는 것이다. 그 존중의 대상은 교사도 마찬가지임을, 존경은 강요할 수 없겠지만 존중은 해야 한다는 인식을 아이들에게 심어 주어야 할 것이다.

집단에 충성하는 아이히만

충실한 아이들

아무리 선하다고 인식되던 사람도 집단에 속해 집단의 뜻에 따라 행동하면서 얼마나 폭력적이고 잔인해질 수 있는지를 보여 주는 실험도 있다. 앞에서 제시한 동조를 넘어 우리 편이 아닌 사람들에게 적극적으로 공격을 가하는 것이다.

'스탠퍼드 모의감옥 실험'은 〈Experiment〉(폴 쉐어링 감독)라는 영화로 만들어지기도 했다. 스탠퍼드 대학교의 필립 짐바르도(Phillip G. Zimbardo) 심리학 교수가 진행한 심리 실험으로, 인간이 주어진 역할에 얼마나 빨리 몰입하는지 알고자 했다.

칠십 명의 지원자 중 지극히 정상적인 사람들로 체크된 스물한 명을 대상으로 역할 실험을 했다. 제비뽑기로 열 명은 죄수, 열한 명은 교도관 역할을 맡았다. 며칠 후 죄수 역할을 맡은 피험자들은 역할에 맞게 실제 경찰에 연행되어 수갑을 찼고, 취조와 지문 채취를 거쳐 스탠포드 대학 내 지하에 있는 가짜 감옥에 수감된다. 교도관 역할을 맡은 사람들은 실험자들의 지휘에 따라 여덟 시간씩 교대로 근무했다.

역할은 무작위로 정해졌는데 그들은 자기 역할에 예상보다 너무나 빨리, 잘 적응했다. 교도관들은 어느덧 명령조의 말투가 입에 배었고 죄수들은 수동적인 말투를 보이기 시작했다. 교도관 역할을 맡은 사람들은 얼마 후 금지된 폭력 대신 말로 모욕하기 시작했다. 교도관들은 권위적으로 행동했고 심지어는 잔인한 가혹 행위를 하기까지 했다. 적응을 넘어 몰입 수준이 되어 진짜 교도관 이상의 행동들을 보이고 비인간적인 행동들을 하기 시작했다. 죄수 역할을 맡은 사람들 또한 흐느껴 울기, 분노, 우울증 같은 병적 증세를 보여 다섯 명은 이틀째에 석방하고 결국 엿새째에 실험은 중단되었다.

'아부그라이브 수용소의 이라크 포로 학대 사건'이 일어났을 때 이 실험은 다시 한번 환기가 되었다. 시골에서 순박하게 살던 한 여인이 이라크 포로들을 잔인하게 학대하는 고문관으로 변한 것에 경악하며 그 원인을 찾는 과정에서 필립 짐바르도의 실험이 다시 부각된 것이다 (자그마한 체구의 이 여인은 개목걸이를 죄수들의 목에 채우고 잡아당겼다고 한다).

일련의 실험과 사건이 우리에게 전해 주는 것은 인간을 폭력적으로 만드는 것은 한 개인의 절대 악이 아니라 '체제의 힘'일 가능성이 높다는 것이다.

학교에서 학생들이 드러낸 폭력성도 이런 시각에서 볼 수 있다. 아이들의 본성이 못돼서라기보다는 그들이 처한 상황의 틀에서 비롯되었을 가능성이 많다. 짐바르도 교수의 연구 결과를 토대로 생각해 보자.

먼저 피해학생들은 자신의 이름 대신 가해학생들로부터 모욕적이고 듣기 싫은, 축약된 별명이나 욕으로 불린다. 점차 방관하는 다수의 학생들에게조차 아예 이름이 불리지 않게 되면서 일종의 낙인이 된다. 또래 계급에서 어떤 위치에 있고 어떻게 취급되어도 되는지 '명명'을 당하는 것이다. 이 과정에서 또래 관계에서의 불평등뿐만 아니라 자신의 고유한 정체성을 잃어버리게 된다. 이름만큼 아이들 사이에서 불리는 별명은 학급 내 또래 관계에서 갖는 정체성을 분명하게 나타낸다. 피해자들의 피해는 고유한 자신의 이름이 사라지는 데서 시작된다.

두 번째로 가해학생들은 자신들의 폭력 행위를 학급의 위계 속에서 합리화하며 그런 역할에 더욱 충실하게, 다양한 폭력 행위를 강화해간다. "너는 원래 우리에게 당해도 싼 녀석이야"에서 시작해 "너도 아무 말, 아무 반응 못 하는 걸 보니, 분명히 이런 역할을 즐기는 거 아냐?"라고 자신들의 가해 행동을 피해학생들이 즐기는 것이라 포장하고 책임을 전가하고자 한다. 특히 가해 그룹의 추종자들은 큰 권력이라도 가진 것처럼 자기 뜻대로 하지 않는 또래들에게 과도하게 소리를 지르고 위협하며 교실을 휘젓는다. 괴롭힘을 당하는 학생들을 어쩌다 덜 괴롭힐 때는 선심이라도 쓰는 듯 행동한다. 보이지 않는 교실 내 또래의 위계, 이에 따른 역할과 권력이 아이들 사이에 존재하며 가해학생들은 이런 권력을 무제한으로 행사하는 것을 당연하게 여긴다.《우리들의 일그러진 영웅》에 나오는 엄석대가 자신이 누려 온 권력을 무너뜨리려는 신참 교사에게 반항하다 방화를 하고 학교를 떠난 것은 가장 극대화된 권력 구도의 사례다. 결국 학급 내 위계, 그 위계에 따라 주어진 역할에 아이들은 충실하게 행동하는 것이다. 이런 권력 구도는 '무기력한 교사'에 의해 더 빠르고 강하게 형성된다.

세 번째는 모의감옥 실험의 죄수 역할자들처럼 피해학생들의 무기력함은 단순히 의지가 부족해서가 아니라는 점을 시사한다. 또래 관계에서 '학습된 무기력'은 자신의 힘으로 어찌할 수 없는 상황을 반복적으로 경험하면서 의지를 상실하고 막상 해결의 실마리가 보여도 벗어나려는 시도조차 하지 않는 상태를 말한다. 피해학생들은 반복된 괴롭힘 속에서 가만히 참고 있는 것이 상황을 빨리 끝낼 수 있다는 생각이 학습되어버린다. 막상 사건이 수면으로 떠올라 도움의 손길을 주려고 해도 지지자들을 믿지 못하고 여전히 무기력하거나 의욕이 없는 경우가 많다. 학습된 무기력에 빠지면 감정의 균형이 무너져 의욕 상실과 더불어 불안, 우울감, 화병에 이르게 된다. 무기력은 개인의 문제가 아니라 상황과 또래 역동 속에서 살아남기 위한 선택이었고, 그 선택이 비극을 낳기도 한다. 가해학생이 피해학생을 괴롭히는 일이 계속되는 교실에서 교사가 이것을 눈치채지 못하거나 알면서도 방관하는 상황에서는 피해학생뿐만 아니라 방관하는 학생들에게도 무기력감, 죄책감, 불안, 우울의 감정 이상으로 사회에 대한 불신, 정의감의 상실과 같은 상처를 남긴다.

결국 이 실험이 주는 메시지는 한 학생의 공격적 행동, 한 집단의 공격적 행동은 아이들의 성격과는 상관없이 이루어질 수 있다는 것을 의미한다. 집단의 응집성, '우리'라는 의식이 나와 다른 타인을 적으로 만들고 그들을 집요하고 잔인하게 괴롭히는 괴물이 될 수 있다는 사실이다. 이런 비극을 막을 수 있는 방법은 무엇일까?

교사는 학생들 사이에 이러한 집단이 만들어지는 것을 막아야 하며, 잘못된 위계 형성을 깨부수어야 한다. 옳고 그른 것에 대해서 용기 있게 따르고 상황을 비판적으로 생각할 수 있는 도덕적인 비판적 사고력을 키워 주도록 해야 한다. 같은 상황을 보더라도 그것을 냉철하게 판단할 수 있는 '의식의 수면 상태'를 잠 깨우는 교육이 필요하다. '사회적 정의'에 대한 교육이라고 할 수도 있겠다.

사회적 역할에 대한 몰입, 특히 인간에 대한 기본적인 공감과 성찰이 결핍된 채로 사회에 충실한 사람들이 어떤 짓을 할 수 있는지를 가장 잘 보여 주는 사례는 나치의 충성파였던 아이히만(Otto Adolf Eichmann)이다. 제2차 세계대전 당시 유럽 각지의 유대인 500만 명을 가스실로 보낸 이송 최고 책임자였던 그는 이 행위에 죄책감이 아닌 자부심을 가진 사람이었다. 종전 후 탈출, 아르헨티나에서 가명으로 살다가 결국 이스라엘에서 공개 재판을 받고 사형을 받은 그는 '사회적 권위'에 따라 맹목적으로 충성하는 가장 뚜렷한 인물이다. 자신은 조직에 충실했을 뿐이며, 오히려 보수를 받는 군인이 조직의 명령에 최선을 다하지 않는 불성실이 최고의 악이라는 주장을 펼치기도 했다. '생각과 성찰이 없는 충성파'가 얼마나 무서운 악인이 되는지를 역설적으로 보여 준다.

《예루살렘의 아이히만》을 쓴 한나 아렌트(Hannah Arendt)는 말한다.

그는 아주 근면한 사람이다. 이런 근면성 자체는 결코 범죄가 아니다. 그러나 그가 유죄인 명백한 이유는 아무 생각이 없었기 때문이다. 스스로 생각하기를 포기했을 뿐이다. ……

아이히만은 자신의 개인적 발전을 도모하는 데 각별히 근면한 것을 제외하고는 어떠한 동기도 가지고 있지 않았다. 근면성 자체는 범죄가 아니다. 단지 자신이 무엇을 하고 있는지 깨닫지 못하는 것이다.

아이히만은 조직이 보았을 때는 모범적인 인간이다. 그러나 자신이 하는 행동으로 인해 고통받는 사람들에게 '공감하는 힘'이 없었고, 자신이 하는 역할이 생명을 이유 없이 해치는 용서받을 수 없는 비인간적인 것임을 '자각하는 힘'이 없었다.

마찬가지로 학교에서 가해 행동을 주도하는 학생들도 조직에 충실하고 자신에게 주어진 암묵적 역할에 최선을 다하는, 또래 가해 집단에서는 근면한 학생일 수 있다. 문제는 공격을 당하는 피해학생의 피눈물과 아픔을 공감하는 힘이 부족하거나 인간이 인간을 공격하는 것이 얼마나 나쁜 것인지, 도덕적 감수성과 판단력이 부족하다는 것이리라.

결국 학교폭력 예방 교육은 양심을 지키는 비판적 사고력과 공감 교육에 주안점을 두는 것이 우선이다. 물론 예방 면에서 말이다. 무지도 죄악이 될 수 있는지라, 가끔 아이들 중에는 자신의 행동 때문에 상대 아이가 얼마나 고통스러운지 잘 느끼지 못하는 경우도 있고, 분별력이 흐릿한 경우도 분명 있다. 그래서 교육이 필요한 것이다. 선한 다수가 더 큰 악을 형성할 수 있다. 세상의 악은 우리의 도덕성이 모자라서라기보다는 우리가 지켜야 한다고 평소에 여겨 왔던 인간의 가치와 권리를 억압하는 정치 세력, 사회구조에서 만들어진 이기적인 세력에 대한 저항, 그 전에 그것을 인식하는 성찰이 부족해서일 수 있다.

특히 지극히 상식적이고 양심적이었던 아이들이 괴물과 같은 행동을 하게 된 데는 보다 깊은 이해가 필요하다. 이런 아이들이 잔인한 가해 행동을 지속하게 된 이유로 가해자들의 인성이 나쁘다는 데만 초점을 둔다면 해결의 실마리가 보이지 않을 수 있다. 스탠포드 모의감옥 실험과 같은 여러 사회심리학 실험에서처럼 상황과 그에 따라 맡은 역할에 대한 충성심에 의해 아이들의 행동이 여러 모습으로 나타날 수 있음을 눈여겨보아야 한다.

상황과 역할에 충성한 것이라는 내 논조가 가해학생들을 두둔하는 것은 절대 아니다. 실험에서처럼 처음에는 해서는 안 되는 일이라고 생각해도 집단의 행동을 보면서 학습했을 것이다. 또한 집단에 속해 있으니 어쩔 수 없이 한 번 두 번 시도하면서 점차 무뎌졌을 것이다. 여기에 소속감에 대한 욕구 때문에 무비판적으로 가해 행위를 하면서, 어느덧 그런 행동을 당연하게 여기게 되고 자신에 대한 자각을 잃어버린다. 인간은 사회적 동물이기에 사회 속에서 인정받고 권력을 가지려는 욕구가 있을 수밖에 없고, 그 열망이 너무나 강할수록, 더구나 관계 속에서 자신의 존재를 부각하는 데 가치를 두는 사람이라면 조직의 행동에 동조할 가능성은 더욱 높아진다. 이렇게 우리는 비인간적인 행동을 해서라도 인정받고 싶어 하는 본질적인 나약함이 있다.

우리는 이런 나약함에 분노와 실망을 느낀다. 그렇기에 더욱더 이런 나약함을 인식하고 아픔을 공감하고 자신을 바르게 세울 수 있는 정의감, 정의에 대한 당당함을 아이들에게 알려 주고 교육해야 할 것이다.

경계에 선 아이들
공동체성과 공감의 상실 시대

'요즘 아이들'이라고 한다. 이해가 안 되는 상황에 대한 좌절과 포기가 깔려 있다. 하루가 멀다 하고 기사화되는 청소년들의 문제 행동들이 '왜 저럴까?' 참 불편하다. 이런 문제 행동이 아니더라도 분명 학교에서 만나는 아이들은 달라졌다.

긍정적인 면은, 솔직하게 자신의 의견과 감정을 표현하고 교사를 어려워하지 않아서 쉽게 이야기를 나누는 아이들이 많아진 것 같다. 선택적 함묵증으로 교사들의 힘을 빼는 힘든 아이들도 종종 눈에 띄긴 하지만, 교사 앞에서 주눅이 들거나 할 말을 못 하는 아이들은 줄어들었다. 대함에 있어 스스럼이 없다. 이에 반해 솔직하다 못해 예의가 없는 모습, 거침없음을 넘어 타인에게 피해를 주는 상황인데도 당당히 내 욕구를 채우는 모습, 깊이가 없이 입으로 합리화하는 것에 달인의 경지에 오른 모습들이 두드러진다. 심지어 학급 전체에 피해를 주며 교사를 공격하기까지 하는 문제 행동을 '개성적인 나'를 드러내는 것으로 착각하는 듯한 인상까지도 받는다. 솔직하고 밝지만 염치와 깊이가 점차 사라지는 것은 아이들만이 아니다. 만나는 학부모들도 그렇게 느껴지는 것이 솔직한 심정이다.

공동체성의 상실, 말은 잘하지만 소통하기 어려운 현실, 이 뒷면에는 '타인과의 공감'이 결여되어 있다. 더 정확하게 말하자면 내 욕구와 아픔은 너무나 민감하게 느끼는데, 타인의 아픔이나 피해에 대해서 느끼는 감수성은 약화되고 있다. 자기가 사귀는 남자 친구에게 꼬리를 친다며 불러내서 피투성이가 되도록 폭행을 하고 그것도 모자라 영상으로 찍고, 그것을 또 SNS에 올리는 중학생들 사건이 있었다. 그 모습을 보면서 우리는 놀람과 분노를 넘어 혼란과 두려움마저 느낀다.

어찌 보면 애착 손상이나 가족의 붕괴, 올바른 양육의 부재 들로 제대로 된 사랑과 경계 세우기를 배우지 못한 결과일 수 있다. 다양한 유형의 애착 손상으로 자신의 상처에 빠져서 남들과 어울리는 것을 어려워하는 아이들이 늘고 있으니 말이다. 아니 그 상처로 인해 지나치게 또래 관계나 집단에 집착하거나, 반대로 지나치게 개별화를 추구하며 또래 관계나 집단 활동에서 철수하는 아이들이 늘고 있다. 우리는 후자의 아이들이 집단 따돌림의 대상이 될 가능성이 높다고 생각하지만, 또래 관계에 집착하는 아이들도 따돌림의 대상이 될 수 있음을 경험으로 알고 있다.

일본의 학자인 우치다 타츠루(內田樹)의 말이 새삼 떠오른다.

이지메의 집단 역학에 대해서 …… 집단 형성에 대한 기피와 집단을 만들지 않으면 안 된다는 강박이 서로 뒤엉켜 매우 불안정한 집단적 심리 상태로 빠진 우리 사회의 반영이다. '집단에 익숙하지 못한 개체'와 '집단에 과잉 적응한 개체' 양쪽을 표적으로 삼는다. 집단에 녹아들지 못하는 개체가 배제와 공격의 대상이 된다는 논리는 누구나 알지만, 집단에 과잉 적응한 덕분에 타인과 개체 식별이 안 되는 개체 또한 쉽게 이지메의 대상이 된다는 사실이다._우치다 타츠루,《교사를 춤추게 하라》

아이히만처럼 집단에 과잉 충성하며, 또래들의 인정에 목말라서 집단이 시키는 대로 과잉 적응하는 아이들이 있다. 새벽에도 친구들이 부르면 나가고, 불온한 친구 집단을 위해 해서는 안 되는 일도 한다. 생각과 양심이 있는 자신을 버리고, 비행을 일삼는 또래 집단 속에서라도 보호와 지지를 받는다는 생각으로 따르는 아이들이 많아지고 있다.

물론 "집단에 익숙하지 못한 개체"도 괴롭힘과 공격의 대상이 된다. 재미있는 것은, 이런 아이들이 '덕후(오타쿠)'로 비아냥을 듣다가 이제는 전문가로 인정을 받는 시대가 되었다는 점이다. 창의성을 강조하다 보니 개인의 개성과 독특함을 유난히 독려하는 사회가 되면서 나타난 현상일 것이다. 학교에서도 아이들의 자유로운 사고와 표현을 강조하고 있다. 그러나 진정한 창의성은 보편성에 바탕을 두며 사회적으로 유용한 것이어야 한다는 사실을 잊고 있는 것 같다. 우리 인간은 이제까지 인류가 쌓아 온 엄청난 지적 재산, 언어(비고츠키는 언어를 최고의 도구라고 했다) 속에서 그 혜택을 받아 더욱 새롭고 편리한 것을 발견하거나 발명하고 있는 것이다. 그래서 사회적 존재다. 자신과도 대화를 해야 하지만 타자와도 대화할 줄 알아야 한다. 그런데 요즘은 '자기 성장' '창의성'이라는 기치 아래 자신과의 대화만 너무 강조하고 있는 것은 아닌지 안타깝다. 뒤늦게나마 공동체성과 협업에 대한 논의들이 더해지는 것이 그나마 다행이라고 할까?

부모의 교육열, 미디어의 발달, 인터넷 정보의 공유와 접근의 용이성이 지적 평등을 가져왔고, 덕분에 아이들의 인지 수준은 많이 높아졌다. 깊이는 의문이지만 폭은 넓어졌고 얕게나마 아는 것도 많아졌다. 남과 어울리고 남에게 도움을 크게 받지 않아도 자신의 욕망을 즉각적으로, 맘껏 충족할 수 있는 편리한 세상이 되었다. 우리에게 자유가 주어지는 것 같았고 인간성의 회복, 제2의 르네상스가 오는 듯했다.

그러나 사회는 더 어려워졌다. '나를 챙겨야 한다' '개성이 중요한 시기다'라는 무언의 사회적 압력에 길들여지고, 그런 개인들이 만나다 보니 갈등과 충돌이 많을 수밖에 없다. 갈등을 어떻게 해결해야 하는지를 배우지도 못했고, 예전처럼 친구들과 동네에서 자연스럽게 어울리면서 갈등을 조율하는 경험이 거의 없는 상태가 되었다. 조율은커녕 익명의 가상공간에서 공격성을 배설해버리는 데 익숙하다. 이러다 보니 집단을 형성하고 소통하는 방법, 이것의 기초가 되는 상대의 마음을 헤아리고 조율하는 공감 능력이 매우 부족해졌다. 이런 아이들이 학교에서 보이는 '나뿐인' 태도는 다양한 문제 행동으로 드러난다. 짜증, 반항, 함묵, 나를 즉각 인정하지 않는 대상들에 대한 적대적인 태도뿐만 아니라 반사회적인 행동으로까지 나타나고 있는 것이 현실이다.

한동안 나를 멘탈 붕괴로 만든 아이들이 있다. 마음속에서 떠오른 진단명은 사이코패스 또는 소시오패스일 정도로 심각한 상황이었다. 이 아이들과 상담을 하며 느낀 좌절감 속에서 그래도 이해하기 위해 영화를 보고 소설을 읽었다. '반사회적 성격 장애'라 일컫는 이 아이들은 어떤 아이들일까 많이 생각했다. 똑똑한 이 아이들에게 공통으로 느껴지는 것은 '공감의 결여'와 '타인의 조종'이다. 애착 손상으로 인한 성격 장애로, 결국은 이 아이들도 인간적으로 마음 아픈 피해자다. 하지만 어디로 튈지 모르는 이런 아이들이 집단에 속했을 때 다양한 사건에 연루되며 다수의 선한 학생들이 고통받고 피해를 입기 때문에 교사들은 갈등을 겪을 수밖에 없다.

경계에 선 아이 1

재석이는 6학년이다. 부모를 닮아 예술적인 감수성이 있다. 5학년 때까지는 전혀 드러나지 않았지만, 6학년이 되어 이 아이가 일으킨 문제 행동은 다양하고 기괴하다. 몇몇 아이들과 점심시간에 밥을 먹다가 몰래 나가서 씹던 음식물을 계단 난간 사이로 뱉거나 침을 뱉어 지나가던 아이의 머리 위에 떨어뜨리며 내기하는 게임을 즐겼다. 담임에게 훈계를 들어도 그때뿐이었다. 더 대담하게 운동장에 나가서 놀고 있는 1학년 여자아이에게 접근해서 돈을 줄 테니 시키는 거 따라 하도록 하고 그것을 핸드폰으로 찍어서 유튜브에 올리려다 적발된 사건이 있었다. 공부 시간에는 꾸벅꾸벅 졸다가 쉬는 시간이 되면 어슬렁대며 기괴한 일을 벌이면서 친구들의 관심을 끌려고 했다.

어느 날 학교에서 남자아이들 몇이 어스름한 저녁에 학교에 침입한 사건이 있었다. 문이 다 잠긴 상태였는데 중앙 현관 2층으로 가스관을 타고 올라가서 미리 열어 놓은 창문으로 들어갔다. 학교 지킴이와 마침 남아서 일하던 돌봄 담당 교사와 숨바꼭질을 하다가 몇몇이 걸렸는데 두 분이 가장 걱정했던 것은 아이들이 쫓기다가 혹시나 일어날 수 있는 우발적 사고(급한 마음에 창밖으로 뛰어 내리기 등)였다. 다행히 사건은 잘 마무리가 되었지만 6학년들의 객기라고 하기에는 너무나 대담한 집단 비행이었다.

들키지 않고 탈출한 아이들 중 재석이가 있었다. 처음에 상담을 할 때는 운동장에서 놀다가 장난기와 모험심에 저지른 일이라고 했지만, 다른 아이들의 말을 들어 보니 일을 기획하고 주동한 사람이 재석이었음이 드러났다. 재석이에게 이 말을 전하자 씽긋 웃으며 "들켰네" 한다. 영화나 드라마 속 범죄자들에게서나 볼 수 있는 묘한 반응이었다.

"학교에서는 걸린 아이들의 부모님을 이미 불렀고, 사과하고 반성하고 끝내긴 했는데…… 그 뒤에 네가 있더구나. 어떻게 처리해야 할지 선생님이 좀 고민해야겠지만 재석이도 책임은 벗어날 수 없다는 건 알지?"

그런데 아이가 말을 하다가 갑자기 "사는 것이 너무 심심해요" 한다.

"저는 뭔가 사건이 일어나야 흥분되고, 그때나 좀 재미있어요."

세상에, 내가 몇 살과 이야기를 하고 있는가.

"재미가 없다…… 열세 살인데 벌써 세상을 다 아는 것처럼 말하는구나. 세상에 늘 재미를 느끼며 사는 사람이 얼마나 될까? 그럼 재석이는 언제 가장 재미를 느끼니? 선생님이 알기로는 네가 그림을 잘 그리던데, 그림 그릴 때니?"

"뭐, 밤에 아빠 올 때까지 기다리면서 그림 그리는 게 가장 쉬운 방법이죠. 하지만 저는 불을 지를 때 가장 재미있어요."

순간적으로 품행 장애의 진단 항목 중 '방화'가 떠올랐다. 애써 침착하게 질문을 했다.

"최근에 일부러 불을 낸 적이 있니?"

"요즘 낙엽이 많잖아요. 제가 담배 피우는 거 아실 거 같은데…… 마침 라이터가 있어서 낙엽을 모아서 아이들하고 불을 피웠어요."

"설마 학교에서?"

"아니요. 학교에 라이터 가져오는 건 너무 위험하구요, 아파트 단지에서요. 그냥 심심해서 다른 낙엽 더미에 붙이려고 하는데, 저쪽에서 경비 할아버지가 놀라서 소리 지르며 막 뛰어오는 거예요. 하하하…… 정말 웃겼어요."

"웃겼다고? 뭐가?"

"경비 할아버지가 놀라서 뛰어오는 모습이요. 흐흐흐…… 그리고 친구들하고 도망치는데 정말 짜릿했어요."

순간 말문이 막혔다.

"나는…… 경비 할아버지가 얼마나 놀라셨을까, 이러다가 아파트로 불이 번지면 어쩌나 하는 생각으로 정말 놀라셨을 것 같은데. 그분

심정이 이해가 되니?"

"글쎄요. 생각 안 해 봤는데요."

"나는 네가 왜 이렇게 변했는지 걱정된다. 내가 재석이를 4년이나 보았지만 이런 아이가 아니었는데…….."

내 좌절스러운 감정이 담긴 말에 잠깐 침묵을 지킨다. 재석이가 상담실을 휘 둘러보더니 말한다.

"선생님은 다른 분들과는 좀 다른 것 같아요. 우리 담임선생님은 소리 지르고 짜증 내고 협박하고 그러는데……. 선생님은 그냥 편안하고 따뜻해서 다 말하게 되네요."

나는 갑작스런 칭찬에 당황했지만 뭔가 석연치 않았다.

"담임선생님은 반 전체를 통솔해야 하니까 걱정돼서 화가 나신 거겠지. 그런데 재석아, 갑자기 네가 왜 나한테 칭찬의 말을 한 거지? 칭찬을 들으니 좋기는 한데 갑작스럽고 의아하네. 내가 좋아할 거라 생각했니?"

갑자기 고개를 푹 숙인 채 손을 만지작거리더니 씩 웃으면서 우물우물 답을 한다.

"역시, 선생님은 넘어가지 않네요."

"뭐?"

"다른 사람들은 이렇게 말하면 좋아하면서 나한테 더 잘 대해 주던데. 선생님은 나를 꿰뚫어 보네요."

재석이와 대화를 하며 자기의 재미에 빠져 타인의 고통을 바라보지 못하는 마음, 나를 조종하려는 의도 같은 게 느껴져 마음이 서늘했다.

3학년 때부터 담임선생은 재석이가 가장 걱정된다고 했다. 늘 무기력하고 어떤 것에도 흥미를 보이지 않는다는 것이다. 재석이가 6학년 되던 해에 어머니가 자신의 자아를 찾겠다며 아이 셋을 두고 홀연 가출을 했다. 아버지는 아버지대로 분노에 차서 술을 마시고 늦게 들어오고, 형은 형대로 중학교에서 다양한 사고를 치며 집에 와서는 재석이에게 폭행을 휘두르는 상황이었다. 할머니가 가끔 와서 밥을 챙겨 주지만 정서적으로 방임 상태에 놓인 처지에서 어릴 때부터 보여 온 재석이의 무기력한 태도들은 어느덧 기괴한 행동들로 나타났다. 재석이를 잘 아는 상담 선생과 의논하면서 늘 '흥분을 추구'하는 재석이의 모습이 무척 걱정되었다. 잘 풀리면 예술가지만 그렇지 않으면 큰 비행을 저지를 수 있겠다는 생각에 안타깝다 못해 자신을 찾겠다고 가출한 어머니를 원망하는 마음까지 들었다.

　지금 생각해 보면 재석이가 수업 중에 보였던 행동들은 단순한 무기력이 아니었을 수도 있겠다는 깨달음이 든다. 교사들에게 보이는 아이들의 무기력은, 무슨 질문에든 또래들보다 먼저 반응하고 너무 빠른 행동으로 교사에게 지적받는 아이들과 마찬가지로 자신을 드러내고자 하는 무의식적 태도다. 겉으로는 '귀찮으니까 건드리지 마세요'지만 그 깊은 마음은, '제발 제 좌절을, 우울함을 알아주세요'라는 하소연이 아니었을까. 교사가 일어서라고 할 때 느릿느릿 일어나는 아이, 말하지 않는 아이, 입 꼭 다물고 고개만 절레절레 흔드는 아이들도 결국 교사에게 몸으로 말하고 있는 것이다. 나를 알아 달라는, 인정해 달라는 속 깊은 마음 말이다. 아무것도 잘하는 것이 없는 것 같지만 나는 존재하고 살아 있으며, 이렇게라도 내 존재를 드러내고 싶다는 무의식의 소망이 그런 행동과 태도로 나타난 것이라는 생각이 들었다. 재석이 담임선생들이 걱정한 재석이의 무기력한 행동들은 결국 자신의 존재를 드러내는 데 몰두해 있는 아이들의 극단적인 행동 양상일 수 있다.

그리고 이런 아이들이 늘어나는 것은 공동체성이 약화되고 각자의 개성을 유난히 강조하는 현대에 이르러 더욱 심화될 수밖에 없었다는 결론에 이르게 된다.

경계에 선 아이 2

부모님을 닮아 머리가 좋고, 생각이 창의적이고 글을 잘 쓰는 현제를 만난 것은 현제가 5학년 때다. 2학년 때 거침없는 공격적인 행동으로 학교와 갈등을 빚던 부모님은 홈스쿨링으로 2년 이상 집에서 개별 지도를 했다. 늦둥이 현제를 무척 아끼고 귀하게 키우던 아버지는 2학년 때 행동의 심각성을 느끼고 홈스쿨링을 하며 엄하게 지도했는데, 그 지도는 인지적인 것이었다. 현제는 아버지 양육 방식이 변하자 당황해하면서 아버지를 많이 무서워하게 되었다. 반면에 어머니는 현제의 일거수일투족을 챙겨 주었고 현제의 행동을 대부분 허용하면서 자상하게 대해 주려고 했다.

현제는 지적 욕구가 강하고 호기심도 많았으며 자신이 아는 지식을 자랑삼아 말하는 것을 좋아했다. 그러나 집단의 규칙을 지키는 것,

또래와 관계를 유지하는 것을 어려워했다. 갈등의 연속이었다. 수업 중에 교사를 독점하려는 듯 계속 질문을 하는데, 조금이라도 서운하게 하면 기괴한 행동으로 수업 분위기를 망치며 복수를 했다. 수업 내용과 관계없는 내용에 꽂혀서 "선생님-" 하고 계속 부르다가, 애써 참으며 무시하는 교사를 향해 책상을 손으로 내리치거나 의자를 덜거덕대며 "에이 씨, 선생이 뭐 저러냐?" 한다. 그런 행동을 지적하며 그만하라고 하면 더 기괴한 행동으로 주변 아이들을 두렵게 만들었다. '내 말을 듣지 않아? 나를 감히 무시해?' 하는 눈빛으로 기이하게 웃으면서 교실 분위기를 쑥대밭으로 만들었다. 참다가 이대로 두는 것은 맞지 않다 싶어서, 규칙 준수에 대한 인식을 심어 주기 위해 교감 선생님께 보내기도 했다.

호기심이 많다 보니 가끔 인터넷을 검색하는데, 어느 날 일본에서 만든 야한 동영상을 접하고 말았다. 당연한 일이겠지만, 현제로서는 너무나 충격이었나 보다. 어느 날 수업 중에 내용을 정리하고 있는데 갑자기 현제가 '히히' 웃는다. 그러더니 천장을 보고 풀린 눈으로 책상과 의자를 들썩이며 "어떡해! 자꾸 떠올라" 하며 몸부림을 치듯 하는데, 너무 깜짝 놀라 아이들도 나도 할 말을 잃었다.

간신히 수업을 마무리하고 짬을 내 상담을 했다. 자신이 한 일을 잘 기억하고 있었다. 동영상 장면이 떠오르고, 그런 것을 만든 사람들을 없애기 위해 경찰이 되어야겠다고까지 했다. 나에게 그 사이트를 가르쳐 주면서 신고해야 한다고도 했다. 보통 이 나이 또래 아이들이 야동을 접하고 성에 대한 호기심이 더 깊어지면서 죄책감도 느낀다.

하지만 이런 공상 속에 이미지가 떠올라 내적 혼란을 겪어도 바로 행동으로 옮기지는 않는다. 자의식이 있기 때문이다. 현제는 성적인 욕구와 그것에 대한 죄의식 사이에서 이것을 적절히 조절해 주는 자아(ego)가 다른 아이들보다 약했다.

며칠 후부터 수업 시간에 이런 반응은 보이지 않았다. 하지만 야동에서 본 것을 행동으로 옮기는 듯했다. 쉬는 시간에 같은 남자아이들 뒤에 바짝 붙어서 귀에 입김을 불거나 성기를 대기도 해서 아이들이 경악을 했다. 여자아이들에게는 하지 않았다. 여자아이들이 한꺼번에 말려서 감히 하지 못한 것이다. 그런데 한 여자아이에게 호감을 보이며 공개적으로 좋다고 이야기를 하더니 접근하려고 했다. 이 아이는 친한 친구도 거의 없고 말이 없는 편인 데다, 호불호에 대한 반응을 잘 드러내지 않아서 자신을 받아 줄 것 같아서 그랬던 것 같다. 이 아이에게 남자아이들에게 했던 이상한 행동을 하는 듯해서 담임선생이 방어하고 힘들게 사건을 처리했다.

잦은 성추행, 통제 불가능한 돌발 행동 들로 담임선생이 수시로 현제 어머니를 학교에 오도록 해서 상담을 했고, 현제는 결국 병원에 가서 ADHD 약을 처방받았다. 안타까운 것은, 현제가 약 기운에 메스꺼워서 입맛을 잃고 말라가는데도 행동은 바뀌지 않는다는 것이었다. 아이들 전체를 대상으로 집단 상담도 하고 아이들과 회복적 서클도 하며 나름의 방법을 찾으려고 노력해 보았다. 하지만 상담이나 서클에서 보여 준 화기애애한 화해의 분위기와 다짐은 교실에서는 어김없이 깨지고 말았다. 어느 날 현제는 울부짖듯이 말했다.

"그 약 최고치까지 먹고 있다구요. 그런데 제가 통제가 안 되는데 어떻게 하라구요."

일대일로 만나 대화를 할 때는 영민할 정도로 멀쩡했다. 하지만 교실이라는 집단에 들어가 있을 때 유난히 통제가 안 되는 기괴한 모습을 보였다. 수업이 조금 지루해지거나 자기도 알 수 없는 어느 순간 갑자기, 돌발 행동을 하고 싶은 욕구가 조금씩 일어난다고 했다. 이 욕구가 커지고 순식간에 참을 수 없게 되는데, 그것을 막는 것은 자기 힘으로는 불가능하다고 말했다. 이런 욕구가 생기는 순간 현제의 눈빛은 사악함 그 자체였고 광인의 눈빛이었다. 반사회적 성격 장애를 가진 어른들은 이런 눈빛마저도 숨길 수 있을 것이다.

어느 날 현장학습을 갔다. 다소 어두운 곳에서 설명을 듣고 있는데 현제 눈빛이 이상했다. "왜 그래, 현제야" 하고 물었더니 "흐흐…… 검은 생머리 만져 보고 싶어요" 한다. 무엇인가에 홀린 듯 풀린 눈으로 검은 머리를 응시하고 있다.

"현제야, 선생님 봐. 눈 좀 보자. 지금 여자아이들 머리를 만지면 넌 성추행이 되는 거야. 참아야 해. 알지?"

"만지고 싶다구, 씨."

내 손을 뿌리치고 순식간에 다른 여학생 쪽으로 가서 앉는다. 나도 얼른 따라갔는데 순간 침을 뱉었다. 프로이트가 말하는 원초아가 튀어나오고 자아는 이를 전혀 통제 못 하고 있다는 것이 딱 맞는 표현 같았다. 위기에 몰렸을 때 가끔 지혜가 다가오는지 "현제야, 그럼 선생님 머리카락 대신 만져. 자!" 하니 순식간에 머리카락을 만진다. 그러더니 "에이, 이게 뭐야. 느낌이……" 한다. 김이 샌 듯하다. 나이가 들어 푸석한 머리카락인지라 현제도 적잖이 놀란 눈치였다. 덕분에 눈빛이 현실로 돌아왔다.

평소에는 너무나 논리적이고 똑똑한 아이가 자신의 욕구에 휘둘려 기괴한 행동을 거침없이 하는 것, 사실 현제 같은 학생은 처음이었다. 자신의 욕구에 너무나 충실하다 못해 휘둘리고 있고, 자신뿐만 아니라 주변에서도 통제가 안 된다. 죄책감이 아직 제대로 형성되지 못한 느낌이 든다. 내 행동이 타인에게 어떤 영향을 미칠지 내다보는 능력이 없다. 아니, 있을 수도 있다. 어떻게 하면 복수를 할 수 있는지, 어떻게 하면 괴롭힐 수 있는지 잘 아는 것을 보면 말이다. 자신의 처지와 상황을 이해받지 못할 때는 눈물을 쏟으며 서러워하고 억울해한다. 개성이 넘치다 못해 내 의견만 들어 주길 바라고, 기다리거나 참는 것에 유난히 약하며 이상한 행동과 소리로 교실을 엉망으로 만드는 현제가 학급에서 따돌림을 당하는 것은 당연할지도 모른다. 그런데도 친구들이 자신을 멀리한다며 또 소리 내어 울며 원망한다.

"그 친구들은 그나마 너한테 잘 대해 주던 친구들이야. 그런데 넌 친구들을 성적 행동으로 또 괴롭혔고 아이들도 이젠 지쳤다고 하는데, 어떻게 생각하니?"

"친구 사이에 장난도 못 받아 줘요?"

"그건 장난이 아니야. 추행이고 어른이라면 범죄야. 친구들이 너한테 그렇게 행동한다면 장난으로 받아 줄 수 있니?"

"……."

"친구들은 네 장난감이 아니야. 존중하고 기본 예의를 지키며 노는 것이 친구 아닐까? 친구들이 용서해 줘야 학교폭력 사안으로까지 가지 않을 것 같다. 그만큼 심각한 문제다."

친구들을 불러서 속마음을 서로 얘기하고 조율하는 과정을 거쳤건만, 눈물을 흘리며 감동해서 사과를 하던 현제는 며칠 후 또다시 아이들이 혐오스러워하는 행동들을 반복했다.

자신의 욕구에 빠져 세상이 자기중심으로 돌아간다고 생각하는 현제. 기질상 호기심이 과하고 타인의 마음을 공감하는 것이 서툴렀을 수도 있다. 이런 기질 때문에 벌인 일들로 학교에서 쫓겨나다시피 했고, 선택의 여지가 없이 홈스쿨링을 했을 것이다. 문제는 자기 과대화의 시기를 거쳐 자신을 객관적으로 바라보고 타인의 세계를 이해하고 함께 지내는 친사회적 행동을 배우는 '또래 형성기'에 현제는 집에서 혼자 대부분을 보냈다. 또래와 관계를 맺고 유지하며, 갈등이 생겼을 때 조율하면서 성장하는 발달의 서클을 제대로 경험하지 못한 것이다. 따라서 여전히 과대화된 현제의 심리 상태로는 학교에 잘 적응해 집단의 사이클 속에서 함께 흘러가는 것이 어려웠을 것이다.

재석이와 현제의 문제 행동은 개인적으로 애착 손상의 가능성으로도 볼 수 있다. 의미 있는 주 양육자와의 관계를 들여다보면 재석이는 애착의 과소, 곧 덜 따뜻하거나 불안정한 애착으로 인해 결국 엄마가 가출한 6학년 때 문제 행동이 극단에 이르렀다. 반면에 현제는 애착의 과대로 인한 가능성이 크다. 늦둥이로 부모가 맹목적이고 과한 사랑을 주다 보니 자아 과잉의 상태가 유지된 것이 아닐까 싶다. 결국 두 학생은 너무 적거나 많은 애착을 경험했고, 그 뒤에 곧바로 이루어지는 심리적 독립에서 문제가 생긴 것이다.

어린아이들은 엄마와 애착 관계를 맺다가 서서히 독립을 시도한다. 기어서 조금씩 엄마에게서 멀어지는 아이들의 행동이 나타나는 순간이 이런 심리적 독립의 시작이다. 엄마에게서 멀어지면서도 불안한 마음에 뒤돌아보는데, 이때 따뜻하고 믿음직한 태도로 아이를 지켜보는 엄마와 불안해하고 걱정스러워하는 엄마, 귀찮아하는 것을 넘어 무관심한 태도를 취하는 엄마의 모습에 따라 아이의 심리적인 성장에는 분명 차이가 있다. 애착의 유형뿐만 아니라 독립의 유형에 따라서도 아이의 정신 건강에 큰 영향을 줄 수 있다는 것이다.

부모와 자식 사이에서 오는 이러한 심리적 독립의 패턴은 청소년기에 이르러도 마찬가지다. 뒤에 있는 엄마를 힐끔힐끔 쳐다보며 앞으로 기어 나가던 아기 때의 시도는 성장 과정에서 계속된다. 사실 사춘기가 오면서 찾아오는 독립의 모습은 부모로서 심리적인 와해가 일어날 만큼 너무나 거칠게 나타날 수도 있지만, 이 또한 거쳐야 하는 통과의례다. 심리적인 독립은 다양한 사회관계의 확장을 뜻한다.

이런 관계 맺음이 늘 핑크빛으로 아름다운 것은 아니다. 더러는 상처를 입기도 하고 다양한 사람들을 만나며 더욱 성숙해간다. 내 의견을 주장하기도 하지만 상대의 입장을 이해하고 그 감정을 공감한다. 내 이익과 욕구도 중요하지만, 타인 더 나아가 내가 속한 공동체의 이익에 대해서도 생각한다. 그리고 그것이 옳다고 생각되면 내 입장을 버릴 수도 있고 손해를 감수하기도 한다. 내 빛을 잃지 않으면서도 공동체 속에서 어울려 살아가는 것은 인간의 가장 큰 발달 과업이다.

그러나 예전 같으면 누구든 당연히 이룰 거라 생각했던 타인(공동체를 포함)에 대한 공감, 타인과의 조율, 화합과 같은 발달 과업이 더 이상 자연스럽게 얻을 수 있는 것이 아님을 현장의 교사로서 느끼게 된다.

재석이나 현제의 사례처럼 개인의 기질, 애착(attachment)의 문제, 탈착(detachment)의 문제 등 작은 단위로 자세하게 볼 수도 있다. 이 중에서 새롭게 생각하게 된 것은 '탈착'의 순간에 벌어지는 문제다. 곧, 과보호나 방관으로 과대화된 자아가 미처 조율을 하지 못해 여전히 자기만 생각하거나, 아니면 탈착의 과정에서 예전 애착 시기에 채워지지 않은 친밀감에 대한 목마름을 채우고자 지나치게 또래 집단과 같은 공동체에 집착한다는 두 가지 경우가 가능할 것이다. 쉽게 말하면 과잉보호를 받은 아이가 여전히 자기밖에 모르거나, 방치된 아이가 또래 관계에서 인정과 애정을 갈구하는 상황인 것이다.

부모와의 관계에서 빚게 된 이러한 상황이 사회적 분위기로 인해 더욱 강화되고 조장되고 있다는 것이 가장 큰 문제다. '남과 다른 나와 내 아이' '남과 다르게 내 아이 개성 키우기'와 같은 자기애에 빠진 머리 좋은 부모들, 이런 부모들을 겨냥한 마케팅 산업구조, 집단이나 공동체보다는 개인을 강조하는 시대 흐름 들이 자기애가 강한 부모들의 가치관에 큰 영향을 줄 수밖에 없다.

교사가 학급 분위기를 망치고 규칙을 어기는 학생을 야단쳤을 때 이런 반응을 보이는 부모들이 늘고 있다.

"선생님, 꾸중을 하시더라도 아이 자존심을 생각해 주세요."

"선생이면 선생이지, 당신이 뭔데 우리 아이 주눅 들게 그렇게 혼내요? 학교가 여기 하나뿐인가? 교육청에 민원을 넣던가 해야지, 원."

이 둘은 고상함과 막말이라는 차이가 있지만 메시지는 같다.

'내 아이가 소중하다구요. 이깟 공동체보다는 내 아이 자존심이 더 지켜져야 한다구요.'

그러면서도 공동체의 힘을 빌려 문제를 해결하려는 모순을 가지고 있다. 한마디로 '나 지상주의' '내 새끼 지상주의'다. 결국 개인이 어떤 그릇된 행동을 하더라도 공동체보다 중요하게 여겨져야 한다는 가치를 반영한다. 도로에서 운전하는 차들을 보면 부모들이 차 뒤에 붙여 놓은 문구들이 의미심장할 때가 많다. 예전에는 "아이가 타고 있어요(불에 탄다는 동음이의가 있는지라 타고 있다는 말이 껄끄럽기는 하다)" "아이와 함께 있어요" 정도로 부드러웠다. 그런데 "내 새끼가 타고 있다"부터 더 격한 문구들을 종종 본다. 이렇게 생활 속 곳곳에서 '나 중심 사회'가 점점 확대되는 느낌을 지울 수 없다.

예전에 내 부모님은 학교에서 혼났다고 하면, "네가 잘못했으니까 선생님이 혼내셨겠지"라고 하시거나 이유를 물어보시고, "친구들에게 피해를 주는 행동이면 혼나는 게 당연하지. 선생님 말씀 잘 듣고 친구들과 잘 어울려라" 하며 공동체 편을 드셨다. 조금 억울하기도 했지만 공동체 속에서 타인과 잘 어울려 사는 것이 중요하다는 것을 뜻하신 말씀이다. 그만큼 개인은 공동체 속에서 가치를 인정받는 것이고, 공동체보다 우위에서 자신의 이익이나 욕구, 입장을 챙기는 것은 용납할 수 없다는 가치를 가지셨던 것이다.

그러나 어느덧 개인을 강조하는 사회로 변했다. 물론 집단이 개인보다 지나치게 강조되는 사회는 경직될 수밖에 없다. 그러나 개인이 지나치게 강조되는 지금의 사회도 여러 문제점들을 낳는다. 자신의 것을 찾고 자신의 색깔을 찾는 것에 몰두하는 사회 분위기가 어느덧 남과 어울리고 공감하는 공동체 의식을 놓쳤고, 그 결과가 서서히 학교와 사회에서 나타나고 있다. 아이들의 자기만 아는 염치없는 행동, 자신의 기분 때문에 이유 없이 순한 친구를 괴롭히는 행동, 자신을 드러내 보이기 위해 하는 튀는 행동, 선택적 함묵증으로 존재감을 드러내려는 아이, 또래 관계에 지나치게 집착하다 왕따당하는 아이, 반대로 혼자만의 세계에서 덕후로 사는 아이, 학급 문제에는 관심 없고 귀찮아하는 아이들의 등장은 만난 지 얼마 안 된 교사의 잘못된 학급 운영 때문이라기보다는 부모와 그 부모가 속한 사회가 조장한 결과라고 보아야 할 것이다. 물론 교사들이 그러한 문제를 강화하는 역할을 할 수도 있다. 사실 교사들 중에도 '개인적'인 모습을 보이는 사람들이 점점 늘고 있는 것도 현실이다.

교육부에서 추구하는 교육의 방향은 '창의융합형 인재 양성'이다. 바로 전의 '인성을 갖춘 창의적 인재'와 별반 다르지 않다. 물론 내 시각에서 보면 말이다. 창의와 인성은 모든 국가의 교육과정에서 빠지지 않는 지향점이다. 창의는 개성적인 것을 보다 강조하는 반면 융합이나 인성은 다른 학문이나 영역과의 교류, 소통, 협력을 강조한다. 개성적인 인간, 협동하는 인간이라는 이율배반적인 지향점이다.

개성과 창의성도 중요하지만 협업과 공동체성도 중요하다. 그동안 개개인의 참다운 정체성 형성에 걸림돌이 되었던 경직된 집단 문화가 이제는 '개인'을 강조하기는 하지만 이기적이고 병적으로 자기에 몰두하는 문화로 기이하게 흘러가고 있는 사회 분위기에 걱정스럽다. 그리고 '요즘 아이들'의 출현으로 그 결과를 보게 되는 지금의 현실이 우려스럽다. 아울러 그런 아이들을 학교에서 만나고 지도하면서, '이것이 우리 교사들만의 힘으로는 안 되는 일인데……' 하는 좌절감에 사로잡히기도 한다.

하지만 어쩌겠는가? 공동체성과 공감의 상실 시대에, 그 재건과 형성을 위해《중용》23장을 곱씹으며 지금 당장 내가 만나는 아이들에게 최선을 다해 교육하는 것뿐.

其次致曲 , 曲能有誠 , 誠則形 , 形則著 , 著則明 , 明則動 , 動則變 , 變則化 , 唯天下至誠爲能化。

작은 일도 무시하지 않고 최선을 다해야 한다. 작은 일에도 최선을 다하면 정성스럽게 된다. 정성스럽게 되면 겉에 배어 나오고 겉에 배어 나오면 겉으로 드러나고 겉으로 드러나면 이내 밝아지고 밝아지면 남을 감동시키고 남을 감동시키면 이내 변하게 되고 변하면 생육된다. 그러니 오직 세상에서 지극히 정성을 다하는 사람만이 나와 세상을 변하게 할 수 있는 것이다.

흐름:

우리가 하지 않은 질문,
듣지 않은 이야기

학교폭력이라는 거대한 난제 앞에서 우리는 나(내 아이)만 아니길, 나(내 아이)는 아니겠지 하는 생각으로 지내 왔다. 하지만 어느덧 중학교에서는 일주일에 서너 건씩 학폭위가 열리기도 하고, 초등학교에서도 강제 전학이 내려질 정도로 학폭위는 이제 낯설지 않은 용어가 되었다.

교사로서 쫓기듯 받는 생활교육이나 학교폭력 예방 연수는 어떤 철학을 이야기하다 끝나기도 하고, 구체적인 매뉴얼을 쏟아부으며 위협적인 의무와 책임의 나열로 압도하며 답답함을 주기도 한다. 가끔 듣는 신선한 방법들은 충분히 교육적 가치가 있음을 알지만 소화할 시간이 없기에 교육의 이상향으로 고개만 끄덕이며 끝난다. 학폭 관련자(교사든 부모든)가 되어도 마찬가지다. 교육과 업무의 홍수 속에서 갑작스레 학폭 사안이라도 터지면 매뉴얼대로 진행은 되지만, 당장의 상황만을 다룰 뿐 그 이상 진행할 여유가 없을 때가 많다. 굿판을 벌이듯 서로의 입장에서 사안 처리가 진행되고 나면, 시간이 해결해 주리라는 무력감을 느끼며 모두가 상처를 받으며 끝난다.

이제 이 상처를 깊이 들여다볼 때다. 이를 위해 가장 먼저 위로받고 제대로 된 돌봄을 받아야 하지만 정작 가장 방치되고 소외되기 쉬운 피해자들 이야기를 먼저 다루었다. 두 번째로 가장 주목받고 많은 개입이 이루어지는 듯하지만, 요란한 개입과 달리 별 효과 없이 끝나는 가해자들이 인간으로서의 책임감을 회복할 수 있도록 가해자들의 마음은 어떤지, 진정한 개입 방향은 무엇인지 이야기하였다. 마지막으로 학교폭력 예방의 열쇠라고 일컬어지는 방관자들의 마음을 좀 더 들여다보았다.

학급 사회에서 공격하는 아이, 당하는 아이, 바라보는 아이들의 입장은 고정불변이 아니다. 시기와 상황에 따라 얼마든지 다른 입장에 처한다. 이런 상황에서 우리 어른들이 할 수 있는 가장 중요한 것은 폭력을 예민하게 감지할 수 있는 감수성, 올바르지 않은 것은 불편해하고 그것을 개선하고자 하는 사회적 정의감으로 정리할 수 있겠다. 그리고 이러한 감수성과 사회적 정의감은 관련 학생 저마다의 입장을 깊이 이해해야 가능할 것이다.

편견 없이 아이들의 일상을 바라보고, 아이들의 사건 뒤에 숨겨진 마음의 소리를 듣고, 진정 그들이 원하는 것과 필요한 것이 무엇인지 깊이 생각해야 한다.

피해자
이야기

학교에 존재하는
호모 사케르

3월은 아이들이 학급 내에서 자신의 위치를 새롭게 업그레이드하거나 변화시키는 가장 중요한 시기이기에 활발하면서도 긴장감이 흐른다. 교사도 아이들도 섣불리 행동하지 않으며 서로를 탐색한다. 아이들끼리 나와 맞는 아이와 그렇지 않은 아이, 나에게 호의적인 아이와 적대시하거나 깔보는 아이 들로 끊임없이 분류한다. 그만큼 3월은 아이들에게 아주 중요한 시기다. 밭을 갈고 씨를 뿌리는 시기다.

어른들의 신입 시절, 교사들의 3월처럼 아이들은 상황이 낯설다. 어른만큼, 아니 어른보다 작고 연약하기에 더 힘들게 3월의 자리매김을 하는 경우를 종종 본다. 새로운 선생님의 성향을 파악해야 하고 새로운 친구와도 사귀어야 한다. 소심한 나를 바꾸어 보려고도 하고 일부러 센 척하기도 한다. 더구나 따돌림을 받았던 경험이 있다면 어떻게든 벗어나기 위해 온 힘을 다할 것이다. 이렇게 교실 안에서 형성되는 계급의 피라미드에서 아이들은 맨 아래가 되지 않기 위해 부단히 노력한다. 그래서 새롭게 관계가 시작되는 3월이 되면 학급 경영의 틀을 만드는 선생님도 학급 서열을 형성하는 아이들도 힘들기는 마찬가지다. 이렇다 보니 학교폭력이라 할 만한 사건들이 3월 말, 4월 초에 적잖이 발생한다. 이 시기에 아이들은 어떤 행동과 태도를 보여서든 내 자리를 찾고 내 역할을 찾아야 한다. 서서히 4월 중반부터는 고착화가 되고 각자 암묵적인 역할을 맡아 생활한다. 그러다가 방학 동안 아이들은 저마다 다른 모습으로 성장하고 개학하는 9월에 또다시 새로운 자리 잡기가 시작된다.

그리고 이 과정에서 누군가 은따 내지는 왕따가 되거나 괴롭힘을 당하는 일이 생기기도 한다. 이런 모습을 보고 있는 아이들이라고 마음이 편할 리 없다. 대부분의 아이들은 불편한 것이 싫어서 괴롭힘당하는 아이를 피하거나 같이 괴롭히거나 차라리 없는 존재로 여기려고 한다. 그러는 사이 따돌려지는 아이들은 어느덧 '호모 사케르(Homo Sacer)'가 된다.

정치철학자인 조르조 아감벤(Giorgio Agamben)이 쓴 책 이름이기도 한 '호모 사케르'는 '벌거벗은 생명'이자 '신성한 생명'이라는 이중의 뜻이 있다. 아감벤은 호모 사케르를 로마 시대의 특이한 수인(囚人)을 지칭하는 용어로서, bios(사회, 정치적 삶)를 박탈당하고 zoe(생물적 삶)밖에 가지지 못한 존재라고 설명하고 있다. 본래 호모 사케르는 로마제국에서 법의 테두리 바깥으로 추방된 자를 일컫는데, '죽여도 죄가 되지 않는 존재'로 시민권이 박탈당한 무소유적 존재라고 한다. 근대 아우슈비츠의 유대인들, 전쟁의 포로들, 우리나라 반공 시대의 공산주의자들은 '벌거벗은 생명들'이다. 희생양보다 더 하위인 존재들이다. 우리가 그들의 고통에 두 눈을 가리고 터부시하기에 신성한 생명이라는 역설적인 개념이 형성되었을 것이다.

시민혁명, 종교개혁을 거쳐 민주주의와 개인의 자유와 인권이 활발히 논의되고 있는 지금은 어떨까? 결론부터 말하면, 자본주의 사회에서 호모 사케르는 경제적 관점에서 비인간적으로 대우받는 사람들로 대체되었다. 초기 산업주의 사회에서 공장에서 피를 토하며 죽어 나가던 어린아이들처럼 처참하지는 않겠지만, 비정규직이라는 이름으로 차별받고 언제든지 해고될 수 있는 사람들이 여기에 해당될 것이다.

이런 과정에서 우리는 남과 비교하며 본인을 저울로 재듯 검열한다. 돈이 힘이라는 논리가 통하는 지금, 좋은 직장을 갖기 위해 무한 경쟁과 스펙 쌓기에 자신을 가둔다. '성과'를 내기 위해 자신을 쥐어짜고 채찍질하며 "피로사회"를 살아가고 있다. 예전에는 국가의 정치 세력들이 자신들의 권력을 유지하기 위해 경찰, 군인, 감시 시스템 들을 만들어 사람들을 검열하고 지배했지만, 지금은 더 나은 나를 만들어야 한다는 강박 속에 스스로를 채찍질하는 것이다. 사회에서 살아남기 위해, 인정받기 위해, 낙오되지 않기 위해 자기 계발과 능력 계발에 삶을 바치며, 남이 시키지 않아도 스스로 이상을 세우고 그 성과를 내기 위해 고군분투한다. 어떻게 저런 노력이 가능한가 싶을 정도로 자신을 착취하며 능력을 긁어모아 보여 주는 것이 성공이며, 이것을 미덕이라

부추기는 우리 사회의 면면들이 모두의 정신을 잠식한 듯하다.

> 오직 자신의 능력과 성과를 통해서 주체로서의 존재감을 확인하려는 자아는 피로해지고, 스스로 설정한 요구에 부응하지 못하는 좌절감은 우울증을 낳는다. …… 규율사회의 부정성은 광인과 범죄자를 낳는다. 반면 성과사회는 우울증 환자와 낙오자를 만들어 낸다.

한병철 선생의 《피로사회》에 나오는 말이 의미심장하다.

이러한 성과주의는 학부모가 아이들의 교육에 과도하게 관여하면서 도를 넘어선 사교육으로 나타나고 있다. 그 반대로 어차피 중산층 이상으로 들어가지 못할 바에는 차라리 너 할 대로 하라고 방치함으로써 아이의 배움을 가로막는 부모들도 생겨나고 있다. 배우는 것을 '나를 세우고, 부모의 얼굴을 세우고, 집안을 세우는' 수단으로 생각할수록 이런 양극화는 더 큰 것 같다. 유독 동양에서는 배움을 수단으로 여기는 경향이 있다. 앎 자체에 대한 호기심보다는 사회계층 상승의 수단으로 여기는 것은 지금도 여전히 우리를 지배하는 가치관 중 하나다. 물론 요즘에는 사색, 성찰, 영감, 휴식, 무위에 대한 가치를 이해하고 찾는 사람들이 늘어나고 있다. 하지만 성과를 강조하는 자본주의 사회에서 애써 찾지 않는 이상, 이러한 삶을 정신적으로 받아들이고 내면화하여 일상생활에서도 실천하며 사는 것이 쉬운 일은 아니다.

문제는 성과사회에 속한 학부모들이 성과를 내기 위한 활동을 과잉으로 할 때, 자신뿐만 아니라 가족을 향한 자극을 과잉할 때 아이들에게도 영향을 미친다는 점이다. 이 때문에 부모는 '부모'가 아닌 '학부모'로 아이를 대하며, 부모의 계획대로 학원을 전전하는 아이들은 다양한 스트레스와 우울, 문제 행동을 일으키며 건강하지 못한 내면을 형성하게 된다. 엄마에게 혼나지 않으려고 공부하는 아이들, 엄마를 만족시키기 위해 열심히 공부하겠다는 아이들이 많다. 이런 마음이 과하게 되면 아이들 마음속에서 내면화된 엄마는 아이들을 채찍질하는 감시자가 된다.

이런 상황에서 아이가 취할 수 있는 행동은 크게 두 가지로 나뉜다. 스스로 자아를 억압하며 부모의 계획에 복종한다. 미래를 위한 준비로써 성과를 내고자 노력하며, 공부는 고통스러운 것이라 여기면서 현재를 포기한 채 참고 또 참는다. 그렇지 않으면 반항하며 뛰쳐나갈 수도 있다. 심리적으로 자신을 잡아먹으며 독립을 가로막는 부모에게 작든 크든 반항으로 탈착을 시도하는 것이다. 자신을 찾고자 하는 반항일 수도 있고, 내면적으로 자신을 채찍질하는 두려운 부모에 대한 저항일 수도 있다. 어떤 선택을 하건 아이들의 정신은 건강하지 않은 상황에 이른다.

이런 상태에서 학교에서 관계하는 또래들은 부모에게서는 충족되지 않는 인간적인 상호교류의 대상이 되거나 불안과 분노를 표현할 대상이 된다. 극단적으로는 부모에게 압박을 받고 있는 자신의 스트레스를 완화시켜 줄 희생양을 학교라는 공동체 속에서 찾을 수도 있다. 성적이 좋고 경제적으로도 집안이 풍족한 아이들이 은밀하게 친구를 괴롭히는 상황을 종종 마주한다. 뒤에서 친구들을 괴롭히고 교사(敎唆)하는 아이들, 심지어 교사가 내면적으로 약한 상대일 때 교사를 그 대상으로 하여 교실의 분위기를 좌지우지하는 여왕벌이 되는 경우도 있다. 성과주의 학부모 밑에서 들볶이고 있는 아이들 중 이런 그릇된 방법으로 호모 사케르를 찾는 경우가 있다.

이런 목표물이 된 아이들이 왕따 내지는 괴롭힘의 대상이 된다. 그동안 학교 사회에서 학생들은 주로 공부를 잘하느냐 못하느냐로 차별을 받아 왔지만, 지금은 또래 관계에서 호모 사케르가 되어 철저하게 무시당하는 학생들이 많아졌다. 어떤 특정한 이유가 없다. 외모나 행동, 생각이 다소 독특하거나, 분위기 파악에 조금 더디거나, 너무 모범적이거나 등등 인과 관계가 불분명한 경우가 대부분이다. 중세시대의 마녀는 사실 시대를 앞서가는 과학자였고 학자였다. 똑똑한 여자에 대한 남자들의 불안이 '마녀'로 표상화되고 남성들의 공포 속에서 죽어간 존재가 마녀다. 이 여인들처럼 뭔가 불안함과 불편함을 주는 이유로 따돌림을 당하는 경우도 있다.

사람은 인간관계 속에서 자신을 규정하고 행동하는 존재다. 아이들은 또래 관계에 대한 불안으로 '혹시 내가 좀 튀는 것은 아닐까? 그래서 아이들이 날 따돌리면 어쩌지?' 하는 불안 속에 스스로를 계속 검열한다. 내가 속한 그룹의 친구들이 갑자기 나에게 무심하거나 차가운 반응을 보일 때 '내 행동은 정당해. 열등감에 빠진 저 아이의 행동이 잘못이야'라는 냉철한 이성적 분석보다는 '내가 왕따가 될지도 모른다'는 절박함 속에서 눈치를 보며 자신을 한없이 낮춘다. 자존감이 낮아지다 보니 대개가 그들의 문제가 아닌 내 문제로 여기며 스스로 잘못한 게 있는지 되짚어 보기까지 한다.

이런 불안감에 아이들이 대처하는 방식은 다양하다. 당황스러움과 불안 속에 스스로를 검열하며 본능적으로 벗어날 방법을 모색한다. 그 본능이 '나는 아니야'라는 묵시적인 신호를 주기 위해 다른 희생양을 찾기 시작한다. 소극적으로 '쟤, 좀 나대지 않냐?' 하며 표적을 새롭게 설정하거나 적극적으로 유언비어를 만들어 퍼뜨린다. 내가 표적이 될 것 같은 불안한 상황을 벗어나기 위해, 또는 자신의 입지를 공고히 하기 위해 희생양을 정하는 것이다. 아니면 자기가 왕따가 될까 봐 다른 아이들의 뒷담화에 끼거나 그 뒷담화를 주도해서 친한 친구들을 이간질시키기도 한다. 대부분 그룹에 가담해 자신이 왕따가 아니라는 것을 아이들에게 보여 주려고 노력한다. 불안을 없애기 위한 이러한 노력은 호모 사케르를 만들어 단합된 힘을 과시하는 차원에서 괴롭히는 행동으로 나타나기도 한다. 이러한 소용돌이 속에서 아이들 중 누군가는 서서히 호모 사케르가 되어가는 것이다.

그 누군가가 어떻게, 왜 호모 사케르가 되는지는 다양한 요인들이 있지만, 그 요인들은 각각의 상황과 맥락 속에서 다르게 작용한다. 학교폭력이나 집단 괴롭힘을 막아 보고자 연구는 계속되고 있으나, 학교의 호모 사케르는 언제나 현재 진행형이다. 새로운 정책을 입안하고 많은 비용을 들여 노력해 보지만, 아이들 사이에서 호모 사케르가 만들어지는 과정과 그것을 피하려는 학생들의 전략은 보다 정교한 형태로 진화하고 있다.

어떤 아이들은 부모가 외국인이라는 독특한 환경이나 배경, 상황에 놓여 있거나 말주변이 없고 지나치게 수줍음을 타서, 외모가 좀 다르다는 이유로 괴롭힘을 당하거나 따돌려진다(수동적 피해자). 영화 〈Bully〉(리 허쉬 감독)에서는 또래와 조금 다른 외모를 가졌다는 이유로, 장애를 가졌다는 이유로, 동성애자라는 이유로 수동적 피해자가 되는 경우가 생생하게 그려진다.

그런가 하면 어떤 아이들은 믿고 의지하는 또래 집단에서 희생양이 되기도 한다. 또래 관계에서 질투의 희생양이 되거나 누군가 자신의 힘을 과시하거나 인정받기 위해 쓰는 재물로서 미묘하고 암묵적으로 왕따가 된다(관계적 피해자).

조금 독특하지만, 스스로 공격의 대상이 되는 길을 택한 아이들도 있다. 주변 아이들을 성가시게 하거나 힘 있는 아이들을 자극하고 도발하면서 존재감을 증명하려는 아이들이다(도발적 피해자). 수동적 피해자나 관계적 피해자는 사건의 시시비비를 가리는 과정에서 다른 아이들이나 교사들에게 동정표를 얻고, 최소한 마음은 내키지 않지만 방관을 했다는 데 대한 미안함이라도 불러일으킨다. 그러나 이 아이들은 그렇지 못하다. 학교에서 '괴롭혀도 되는 행동을 하여 한번 왕따를 당해 봐야 하는 아이'라며 가해자들이 적극적으로 합리화할 수 있는 빌미를 주는 아이들이다. 스스로 호모 사케르가 되어서라도 아이들 속에서 자신이 살아 있고 존재하고 있음을 알리려는 처절한 몸부림을 보이는 피해자들이다.

이러한 다양한 피해자의 위치에 이르는 과정에 어떤 공식은 없다. 다양한 역동성을 가진 호모 사케의 형성 과정에서 아이들은 끊임없이 상처를 받고 정신적으로 피폐해져가고 있는 상황이 있을 뿐이다. 자신은 아니라고 생각했는데, 어느덧 그런 위치에 있게 되면서 아이들이 겪는 심리적인 충격은 어마어마하다. 무너진 건물 밑에 깔린 사람들의 심정만큼이나 막막하고 절망스러우며 우울하고 무기력해진다는 스트레스 측정 연구 결과도 있다. 시공간을 초월해 다양한 방식으로 진행되고 있는 아이들 간의 생채기 내기를 어떻게 하면 멈출 수 있을까?

학교에서 학생들 간에 일어나는 일이 대부분인 만큼 아이들의 관계를 민감하게 파악하는 교사의 시선이 우선일 것이다. 또한 상대방을 존중하고 아픔에 공감할 줄 아는 마음을 길러 주려는 교사의 교육적 실천, 공동체성을 강화하려는 교사의 행동이 가장 큰 무기가 될 것이다. 무엇보다 아이들이 또래 관계에서 겪는 불안을 이해하는 것이 그나마 호모 사케르의 형성과 희생을 막는 가장 작지만 기본적인 요소가 아닐까?

피해자를 바라보는
시선

누군가는 어느 날 자다가 일어나 보니 갑자기 피해자가 되어 있고, 또 누군가는 서서히 피해자가 된다. 피해자는 애초부터 정해지는 것이 아니다. 관계를 맺고 그 관계를 유지하는 가운데 다양한 이유로 따돌림이나 괴롭힘을 당한다. 그리고 피해자가 어느 순간 가해자가 되기도 한다. 해마다 피해자와 가해자가 바뀌는 학교 사회를 보면 이해가 될 것이다. 누구나 피해자가 될 수 있다. 그래서 우리는 피해학생을 발견하면 적극적으로 도와야 하고, 가해학생들의 행동을 막아야 한다. 왜냐하면 나도 예기치 못하게 피해자가 될 수 있고, 그때 내가 도움을 준 것처럼 친구들도 도움을 줄 수 있기 때문이다. 일종의 '심리적인 보험'이라고 할 수 있다.

학교폭력이 일어났을 때 교사로서 가장 집중해서 챙겨야 할 일은 절망하고 있는 피해학생을 돕는 방법을 찾아 실천하는 것이다. 먼저 피해 상황을 멈추게 하는 것이 최우선이다. 많은 고민과 고통 속에서 멈추는 방법을 시도해 보았을 것이기에, "왜 그걸 막지 못했니? 노력을 해 봤어야지. 세상이 그렇게 만만치 않아" 하고 비난하는 것은 가장 나쁜 대응이다. 학대받는 피해자가 그 상황에서 벗어나지 못하는 것은 똑똑하지 못해서가 아니다. 너무나 강도 높은 피해 상황에서 갈 길을 잃었을 뿐, 피해학생이 대처를 잘못한 것은 없다.

누구는 말한다. 피해학생이 그렇게 수줍어하니까, 눈치가 없으니까, 너무 잘난 척을 하니까 당하는 것이라고 말이다. 이러한 논리라면 대담하니까, 너무 눈치가 빠르니까, 너무 겸손하니까 피해학생이 될 수 있는 것이다. 나와 좀 다르면, 조금 부족하면 괴롭혀도 된다는 생각은 오만이고 이기적인 생각이다. 설혹 또래 관계에서 제대로 대응을 못 하고 사회성이 떨어지는 경우도 있을 수는 있다. 그러나 이러한 부족함은 적절한 교육이나 훈련을 통해서 성장하고 변화하도록 인격적으로 도와주어야 한다. 다르거나 소심하다는 이유가 일방적인 괴롭힘의 이유가 될 수 없다. 절대 합리화될 수 없는 범죄인 것이다. 어떤 이유로든 학교폭력 사건이 발생했을 때는 '괴롭힘을 멈추도록 하는 것'이 최우선이다.

그다음은 학생을 공감하고 지지해 주어야 한다. 아이의 와해되고 피폐해진 마음을 추스르도록 도와주는 '지지 상담'이 필요하다. 이후에 서서히 상담을 통해 변화하거나 벗어날 수 있는 장기적인 방법을 함께 논의해 나가야 한다. 우리가 피해학생들을 위한 개입을 생각했을 때 상식적으로 떠오르는 생각대로 친구를 사귀거나 유지하고 갈등이 생겼을 때 대처하는 방법, 자신의 주장을 효과적으로 전달하는 방법 등 주로 기술적인 교육을 생각하게 된다. 그러나 궁극적으로는 떨어진 자존감을 회복시켜 주고 스스로 자립하도록 돕는 과정이 되어야 한다. 이 과정이 여기에 단 몇 줄로 쓴 것처럼 간단하게, 단기간에 끝나지 않는다. 한번 무너진 자존감, 아니면 원래도 낮았는데 일을 겪으며 완전히 무너진 자존감을 바로 세운다는 것이 말처럼 쉽지 않음을 누구나 안다. 그러니 지속적으로 관심을 갖고 '네가 못나서'가 아니라 '그들이 못나서'로 생각을 바꾸어 주고 스스로를 다독일 수 있도록 도와주어야 한다.

피해학생뿐만 아니라 가해학생, 심지어 목격한 학생들과 관련된 사건을 수습하는 과정은 참으로 어렵다. 학교 입장에서도 시시비비를 가리는 것부터 회복의 절차까지 한 학기 이상, 1년 이상이 걸리는 경우도 있다. 수습할 일이 너무 많다 보니, 특히 가해학생의 재범을 막기 위해 신경 쓰다 보니, 정작 가장 위로받고 치료받아야 할 피해학생이 소외되는 경우가 대부분이다. 이 과정에서 피해학생이 결국 주변을 소란스럽게 만들었다는 둥, 피해를 받을 만하니 받는다는 둥 다양한 2차, 3차 피해 상황에 놓이는 경우도 생긴다.

어른으로서 명심할 것은, 가장 보살핌을 받아야 하고 지지를 받아야 하는 학생이 피해학생임을 잊지 말아야 한다는 사실이다. 다양한 법적 절차와 상담 절차가 진행된다는 점에서 교사의 에너지 소진은 이루 말할 수 없다. 나도 현장에서 학교폭력 업무를 담당해 보았기에 그

지난한 과정을 생각하면 아직도 피로감과 무력감이 몰려온다. 그 무력함 속에 늘 아쉬운 것은 피해학생에 대한 대처였다. 가장 힘든 사람이 피해학생인데, 학교에서 일을 처리하는 과정에서 가해학생을 먼저 챙기게 된다. 아마도 가해학생들의 또 다른 가해 행동을 막아야 하고, 이를 지켜보며 불안해하는 학교 구성원들을 안심시켜야 하는 책임감 때문일 것이다.

하지만 무너진 자존감과 상처를 안고 집 안에 틀어박혀 본의 아니게 유배 생활을 하는 피해학생들이 이 과정에서 '소외'라는 형벌을 받을 수 있다. 아이가 너무 힘들 테니 집에서 혼자 있을 시간이 필요할 거라고 어른들이 나름 배려한 것이라고 하지만, 과연 이것이 배려인가 고민해 보아야 한다. 피해를 입은 학생에 대한 안타까움과 지켜 주지 못한 미안함보다는 당황스러움 때문에 이런 조치를 취했을 수도 있다. 피해를 입은 아이를 어떻게 바라보아야 하는지, 어떻게 대해야 하는지 몰라 허둥대고 마음이 껄끄러워 멀리하게 된다. 얕은 위로로는 안 된다는 생각이 본능적으로 드는 것이다. 그래서 어떻게 개입을 해야 하는지 망설이다가 그 기다림 속에서 아이는 더 상처를 입기도 한다.

사실 이런 고민을 할 여유도 없이, 당장 버티고 있는 가해학생들에게 응보적 처벌을 해서 학교 구성원들에게 처리 결과를 명확히 보여야 하기 때문에, 피해학생에게는 미안하지만 기다리라고 할 수밖에 없는 상황이 된다. 무엇을 어떻게 도와주어야 하는지 살펴볼 여력이 없어서, 시간이 지나면 가해학생에 대한 비난도 피해학생의 혼란도 자연스럽게 줄어들 것이라는 체념으로 본의 아니게 방관하는 마음도 없다고는 할 수 없을 것이다.

그러나 다시 한번 말하지만, 가장 억울하고 혼란스러운 사람은 피해학생이다. 따라서 피해학생을 가장 먼저 챙겨야 한다. 그럴 여유가 없다면, 전문 상담자를 초빙해서라도 따뜻한 정서적 위로와 도움을 받도록 배려해야 한다.

심리적인 상처로 '외상 후 스트레스'를 겪는 사람들이 회복되기까지 보통 2년이 걸린다고 한다. 마음을 강하게 가지라며 다그친다고 해서 쉽게 회복되지 않는다는 반증이다. 세상에서 가장 먼 길이 '머리에서 마음'으로 가는 길이라고 하지 않던가? 이러한 피해학생들을 내버려 두는 것은, 교통사고를 당해 누워 있는 사람을 내버려 둔 채 원인을 따지고 가해자를 구속하고 처벌하고 물질적 피해를 계산하느라 정신을 쏟는 것과 다르지 않다고 하면 너무 극단적인 표현일까? 사고를 당해 피 흘리며 쓰러져 있는 사람에게, '넌 왜 일어나서 스스로 병원을 못 갔니?' '왜 주변 경찰들에게 제대로 말을 못 했니?' 하며 비난하는 것과 같다면 너무 과장된 비유일까?

확실한 것은 피해학생들은 가정폭력에 시달리는 사람과 매우 유사하다는 것이다. 가정폭력에 시달리는 사람이 섣불리 그 상황에서 탈출하지 못하는 주된 이유는, 심리적인 에너지가 고갈되었기 때문이다. 이러한 상태에서는 시야가 아주 좁아진다. 폭력을 당하는 것에 대한 두려움 때문에 전반적인 해결 방안을 찾지 못하고 당장 고통스러운 그 상황을 벗어날 무엇인가를 찾는다. 당하기 전에 어떻게 피할 수 있을까에 온 신경을 쓰면서 제대로 문제를 인식하지 못할 뿐만 아니라 정의로움이나 용기의 초연함은 사라지고, 계속되는 위급 상황에서 이성의 힘은 약화된다. 심리적인 에너지가 방전된 상태에서 당장 생각나는 사람도 없고, 경제적으로 자립할 힘이 없거나 지켜야 할 아이가 있을 때는 절망에 빠질 수밖에 없다. 그래서 신고도 못 하고 폭력을 혼자서 온전히 받아들이는 경우가 많다. 이런 가정폭력 피해자처럼 학교폭력 피해자들도 에너지가 고갈되고 심리적으로 피폐해진다.

2012년 대구에서 시작된 후 광풍처럼 휘몰아치던 학교폭력 피해 학생들의 잇단 자살 사건에서 그들이 남긴 유서를 보면, 아이를 가진 부모로서 마음이 찢어질 듯하다. 너무나 고통스러워서 그 고통에서 벗어나기 위해 자살을 택한 아이들이 혹시나 자신의 가족까지 해할까 봐 두려워하고 걱정하는 마음, 죽음을 택해서 미안해하는 마음이 담긴 문장들을 보면, 죽음을 택하는 극단적인 상황에서 어떻게 그렇게 따뜻한 유서를 쓸 수 있는지 가족을 생각하는 아이들의 마음 때문에 더 처참하게 느껴진다.

좀 더 들여다보면 폭력에서 벗어날 수 있는 다양한 상황들을 이성적으로 생각하지 못할 정도로 정신적인 에너지가 바닥나고 피폐해진 상태임을 이해하게 된다. 한두 번의 고통이 아니었을 것이다. 반복되는 고통에서 벗어나고 싶었고 정말로 탈출하고 싶었을 것이다. 가족들에게 알렸을 때 가족들이 아파하는 모습을 지켜보는 것이 고통이라 생각했을 것이다. 멋진 딸 자랑스러운 아들이고 싶어서, 부모에게 문제를 안겨 주고 싶지 않아서 등 이유는 다양하지만 결국 가족을 생각하면서 혼자 고통스러워하다가 극단의 길로 잘못된 탈출을 선택한 것이다. 가정폭력을 당하는 어른이건, 학교폭력을 당하는 아이건 고통 속에서 이성의 힘이 뭉개질수록 자신이 아끼고 지켜야 할 사람들을 생각하며 더 인내하고 혼자 감수하려는 경우가 많다. 이런 마음은 아름다운 마음이라기보다는 '지지 세력'을 찾지 못하고 방황하는 마음이다. 오히려 도움을 요청하지 않고 고통을 혼자 감당하고 있었다는 사실을 가족들이 뒤늦게 알았을 때 더 아픔을 주는 것임을 아이들에게 인지시켜야 할 것이다.

지금은 그나마 인식이 많이 개선되었지만, 예전에 친구들과의 갈등이나 학교폭력으로 자살을 택한 아이들을 보면서 "저런 일로 죽다니……"라거나 "저렇게 약한 아이들은 죽는 게 나을 수도 있어. 세상 풍파를 겪으며 모진 고초를 겪으니 차라리…… 세상이 얼마나 무서운데"라는 무시무시한 말을 하는 어른들도 있었다. 그런 말을 들으면서 알 수 없는 우울함과 분노를 느꼈다. '약하면 죽어야 한다는 건가?' 하는 반발심도 들었다. 그러면서 저런 말을 듣지 않으려면 아파도 아프다고 하면 안 되는구나, 도와 달라고 하면 나약하다고 혼나겠구나 생각하며 당사자가 아닌데도 절망감이 들었던 적도 있다. 아울러 친구들에게 괴롭힘을 당한다면 내 잘못이라는 말이구나, 내가 바보 같다는 뜻이겠구나 하는 자기 비하의 감정에 휩싸였다. 이런 비난이 무서워서 차라리 말하지 말고 혼자 안고 있는 게 낫겠다고 생각한 적도 있었다.

생각이 바뀌면 행동과 감정도 바뀔 수 있다는 인지 치료의 입장이 있다. 학교폭력의 피해자를 대하는 우리의 시선이 바뀌지 않으면 아무리 좋은 정책도 단기 이벤트에 불과할 수밖에 없다. 피해학생을 돕는 방법을 모색하고 정책을 마련하고 실행하는 것도 중요하지만, 먼저 우리의 인식과 가치관이 변해야 한다. 피해학생의 처지와 심정을 이해하는 것, 그들의 잘못이 아니라는 인식, 누구든 피해자가 될 수 있기에 그들을 돕는 것이 결국 나를 돕는 것이라는 생각, 배려를 기반으로 한 진정한 정의로움을 추구하는 가치관이 그 어느 때보다 중요하다.

누가 더 빨리
회복하는가

어느 순간부터 '트라우마'라는 심리학 용어가 일상에서 쉽게 오르내린다. 그만큼 누구나 상처를 겪고 있다는 말일 것이다.

한동일 선생의 《라틴어 수업》에 의미심장한 말이 있다.

Vulnerant omnes, ultima necat.

불네란트 옴네스, 울티마 네카트.

모든 사람은 상처만 주다가 종국에는 죽는다.

프랑스 어느 지방의 교회 한편에 있는 해시계에 새겨 있는 문장이라고 한다. 인간의 삶이 고해(苦海)라고 하는 불가의 말씀과도 일맥상통한다. 그런데 이 문장은 '상처만 주다'지만 우리는 대부분 '상처를 받다가'로 생각하며 원망하는 심정으로 삶을 살아간다. 내 약함을 어찌도 저리 잘 알고 마음을 아프게 하는지, 하루에도 다양한 사람들에게 다양한 상처를 받으며 서럽기도 하고 치욕스럽기도 하다. 어떤 날은 이런 마음이 하루에도 몇 번씩 들락달락하며 원망, 복수심 들로 잠을 못 이루기도 한다. 쌓이고 쌓이다가 폭발하기도 한다.

하지만 조금씩 성장하면서 '상처를 받았다'는 생각이 '내가 상처를 준 것이 아닐까?' 하는 생각으로 이어지면서 인간관계를 바라보는 눈이 깊어진다. 이러한 '성찰'은 인간이 동물과 다른 유일한 특성이라고 말하는 이들도 있다. 내 상처에만 골몰하는 것이 아니라 타인의 상처도 바라볼 수 있는 과정이 '철듦'이 아닐까 싶기도 하다.

시대가 복잡해질수록, 인간관계가 넓어질수록 상처도 더 많고 깊어지는 것 같다. 다양한 관계 속에서 생겨나는 갈등이 나와 타인과의 관계, 내 내면을 성숙시키는 건전한 갈등이 되느냐, 아니면 상처에 상처를 더하는 파괴적인 갈등이 되느냐는 삶의 행복을 결정하는 주요한 갈림길이 된다. 아이들이라고 다르지 않다. 어쩌면 학교생활 자체가 친구 관계에서 오는 갈등을 해결하는 과정으로 점철되는 경우가 다반사다. 서로 욕구가 다르고 처한 입장과 환경이 다르기 때문에 본의 아니게, 또는 고의적으로 상처를 준다. 우리는 서로가 연결되어 있기에 직·간접적으로 상처를 받을 수밖에 없다.

더구나 이제는 사이버 폭력이라는 말이 새삼스럽지 않을 정도로 온라인에서 수시로 다양하게, 예전에는 생각지도 못한 상처를 24시간 내내 언제 어디서나 입고 있다. 심지어는 일방적인 폭력에 놓인다. 사이버 공간에서의 익명성이 우리의 다양한 페르소나를 벗게 만들기도 하고 내면에 있는 공격성의 울타리를 열어젖히기도 한다. 도덕성이 느슨해진 상태에서 쉽게 상대방에게 상처를 주고 또 상처를 받는다. 최근 아이들 사이에 인터넷 1인 방송이 뜨고, 자신의 소소한 일상에 가치를 반영하는 영상까지 다양하게 제작해 유튜브에 올리는 것이 자연스러운 문화가 되고 있다. 아이들 사이에 '유튜브 크리에이터'가 꿈이라고 하는 아이들도 늘고 있다. 이 과정에서 인정을 받으려고 올린 영상들 때문에 폭력의 대상이 되기도 한다.

어쩌다 올린 영상

학교 수업에 잘 참여하지 않고, 늘 딴 생각에 빠져 있는 듯한 여학생이 한 명 있었다. 희정이가 또래에 비해 조숙하다는 말을 담임선생에게 들었다. 몇 번 수업에 집중하라고 주의를 주었지만 잘 안 되었다. 아이와의 관계를 생각해서 매번 나무랄 수도 없었고 5학년 사춘기려니 했다. 솔직히 아이의 그런 태도에 마음이 불편했다. 아마도 '내 수업이 별로인가?' 하는 자괴감 때문이었을 것이다. 그런 마음이 들게 하는 아이의 태도에 누구에겐가(처음에는 그 아이였겠지만 결국 나였을 수도 있다) 화가 나기도 했지만, 사춘기이고 모든 학생이 다 공부에 관심이 있을 순 없지 않은가 하며 합리화를 했다.

그러던 희정이가 어느 날 나를 찾아왔다. 첫마디가 '무섭다'며 도와 달라는 것이었다. "선생님, 학교 다니는 게 너무 무서워요. 아니, 학원에서도 무섭고 거리를 다니는 것도 무섭고, 카톡도 인터넷도 다 무서워요" 하고 말했다.

희정이가 방과 후에 시간이 날 때마다 주로 하는 것은 동영상을 찍어서 유튜브에 올리는 것이었다. 처음에는 지점토 공예로 무엇인가 만드는 영상을 올렸다. 그러다가 '스쿨 코스메틱'이라는 제목으로 친구와 함께 초등학생 화장법에 대해서 올리기 시작했다. 직접 화장품을 사서 소개하고 얼굴에 바르는 과정을 올린 것이다. 그 사실이 같은 학년뿐만 아니라 어느새 6학년 선배들에게까지 퍼졌다. 뭔가 올바르지 않은 것을 바로잡는 것이 본인의 임무인 듯, 그러나 본인의 잘못에 대해서는 잘 인지하지 못하는 왜곡된 정의로움을 가진 6학년 실세인 여학생이 희정이를 불러서 위협의 말을 했단다.

"네가 우리 학교 망신시켰어. 어쩔래? 그 얼굴로 무슨 화장? 당장 내리지 못해?"

선배의 반협박에 영상을 내리기는 했지만 이미 다른 학생들의 욕설 댓글로 상처를 입은 상태였다. 댓글로 받은 상처, 선배에게 받은 상처에서 끝나지 않았다. 누군가에 의해 그 영상이 SNS로 삽시간에 퍼져 나갔다. "쟤야? 5학년 주제에 화장법 올린 우리 학교 망신이?"라는 비난이 학교생활에서 시도 때도 없이 일어났다. 심지어는 학원에서도 다른 학교 6학년들이 슬쩍 어깨를 치거나 학원 버스에서 대놓고 욕을 해댔다. 아이는 이런 상황에서 크게 후회했고, 다수의 알지 못하는 사람들로부터 쏟아지는 비난과 언어폭력에 어쩔 줄 몰라 나를 찾아온 것이었다. 영상을 함께 찍은 친구도 같이 불러서 이야기를 했는데, 친구는 영상에는 나오지 않는지라 직접 비난이나 괴롭힘을 당하지는 않았다.

그래서였을까? 영상이 5학년 사이에서 퍼지고 학원에, 선후배들에게 퍼지도록 맨 처음 주도한 사람이 바로 영상을 찍은 친구였다. 나와 이야기를 할 때는 상황이 심각하다며 희정이를 위로하는 말을 하는데, 상담실 밖에서는 소문을 내고 다니는 듯했다. 여학생들은 분명 서로 친구라고 하는데, 친구가 곤란에 빠지도록 주도하는 경향을 본다. 질투인지 시샘인지, 또 다른 공격성의 표현인지 문득 이해가 안 되는 것이 인간의 마음이라는 생각이 든다.

희정이가 몇 번 찾아와 흐느껴 울면서 감정을 쏟아 내며 말하는데 안쓰럽기까지 했다. 가장 두려운 것은 6학년 '짱' 언니의 조용한 공격이라고 했다. 결국 6학년 몇몇 아이를 불러 상담을 하면서 그 아이들의 생각을 들었다. 그리고 후배의 행동을 넓은 마음으로 이해해 달라는 부탁과 함께, 여기서 더 심해지면 학교폭력으로 신고될 수 있다는 메시지를 전하며 마무리했다. 5학년 아이가 처한 상황을 공감하도록 노력했는데, 다행히 6학년 아이들이 이해했다.

그러나 이런 개입에도 불구하고 희정이는 불안해하며 나를 찾아왔다. 주말이 지나면 나에게 와서 "어제 로데오 거리에 갔는데요, ○○ 문구에서 이것저것 사고 있는데 어떤 언니가 저를 이유 없이 노려봤어요" "잘 모르는 언니가 어깨를 툭 치고 갔어요. 너무 무서워요" 하며 이야기를 했다. 처음에는 아이의 말을 그대로 믿었고 함께 걱정하고 안타까워했다. 하지만 상황이 반복되면서 아이가 말하는 태도에서 일종의 망상이 시작되는 느낌이 들었다. 이 일을 겪으며 받게 된 상처가 피해의식이 되어 사람들을 의심하고 적대시한다는 느낌을 받았다. 낯선 사람의 사소한 시선에도 아이는 적대감을 느끼고 위축되고 있었다.

이처럼 어린 5학년들마저 다양한 상처를 입고, 그 상처로 인해 심리적인 부적응을 겪는 경우가 많다. 직접적인 폭력이나 괴롭힘을 당한 뒤에, 상황이 끝나도 사건에서 받은 공격의 잔상이 그대로 남아 인지까지도 왜곡시킬 수 있음을 알 수 있다. 상처가 학생들을 어떻게 변화시키는지 학교 현장에서 생생하게 경험하게 된다.

학교폭력이 발생했을 때 상처는 관련 아이들만 입는 것이 아니다. 교사로서 아이들이 겪는 다양한 상처를 마주하다 보면, 안쓰러움과 안타까움 들로 마음이 젖은 빨래처럼 우울해질 때가 많다. 어느 순간 서로 왜 이렇게 더 많이, 더 깊이 생채기를 내는지 당황스럽고 좌절스럽다. 어떻게 하면 이 악순환을 끊을 것인지 개별 사건마다 실마리를 찾으면서 당사자인 아이들뿐만 아니라 담임교사, 조력자인 나 자신도 결국 상처를 입을 때가 많다.

가끔은 잔 다르크처럼 이런 상황에 분노하며 앞에 나설 수도 있다. 상황과 세상을 변화시키기 위해 자신을 희생하며 개혁가로서 행동할 수도 있다. 억울하고 아파하는 아이들이 없도록 온 힘을 다하는 페스탈로치 같은 참다운 교사들도 많다. 그러나 그러한 행동으로 개별 사건은 해결될 수 있지만, 그 이상으로 전체 구조를 변화시킨다거나 하는 경우는 매우 희박하다는 것이 우리의 딜레마다. 어떻게 해야 하는가? 이러한 상황에서 우리는 아이들에게 무엇을, 어떻게 가르쳐야 하는가?

이에 대한 답변이라면, 아이들에게 '어떻게 하면 덜 상처받을 수 있을까' 가르쳐 주고 대처할 수 있는 힘을 길러 주는 것이다. 마음의 근육을 키울 수 있게 도와주는 것, 그것이 사회구조를 변화시키고 학교의 위험 요인을 제거하는 것만큼이나 중요하다.

같은 사건을 겪고도 잘 털고 일어나는 사람이 있고, 장기간 고통 속에 사는 사람도 있다. 유리공처럼 쉽게 깨지는 사람과 고무공처럼 다시 튀어 오르는 사람은 분명 상처에 대한 대응이 다르다. 이것을 우리는 '회복탄력성(Resilience)'이라고 한다. 자신에게 닥쳐오는 온갖 역경과 어려움을 오히려 도약의 발판으로 삼는 힘이라고 정의 내릴 수 있다. 한 코미디 프로그램에서 '멘탈 갑'이라는 코너로 인기몰이를 한 적이 있는데, 아마도 이것이 회복탄력성이 아닐까 싶다. 상처 많은 세상에서 우리가 아이들에게 진정 가르치고 훈련시켜야 하는 것은 바로 회복탄력성, '강한 멘탈'일 것이다.

하와이의 카우아이 섬에서 40년간 종단 연구를 통해 에미 워너(Emmy Werner) 교수가 발견한 것은, 열악한 환경에서 태어난 아이들이 그 열악함을 대물림한다는 지극히 상식적인 이야기가 아니었다. 이루 말할 수 없이 열악한 환경에서 태어났어도 역경을 극복하고 평범한 사람들 이상으로 행복하고 성공한 삶을 사는 3분의 1 사람들에게 주목하였다. 연구 결과, 그들 곁에는 단 한 명이라도 자신을 이해해 주고 수용해 주는 어른이 있었다. '사랑'해 주는 사람이라고 할 수 있겠다. 이들이 있어 아이의 내적 강도는 강해지고 상처에서 회복되는 힘이 점점 더 강해진 것이다. 다문화 가정에서 태어나 계부 밑에 자라면서 인종 차별과 학창 시절의 방황으로 힘들었지만 결국 존경받는 미국 최초 흑인 대통령이 된 오바마나, 사생아로 태어나 마약중독과 성폭행 등 온갖 몹쓸 일을 겪었지만 결국 가장 유명한 토크쇼 진행자가 된 오프라 윈프리는 대표적인 회복탄력성의 주인공이다.

이러한 힘에 대해 김주환 씨는 《회복탄력성》이라는 책에서 정신적인 저항력, 스트레스에 대한 면역성, 자원 활용 능력, 역경 변환 능력, 극복과 적응, 성장 능력으로 세분화해서 설명하고 있다. 회복탄력성이 높은 사람은 자기 조절이나 대인 관계 능력이 우수할 수밖에 없는데, 이 둘을 총괄하는 주요 힘은 '긍정성'이다. 이 긍정성은 자아 낙관성, 생활 만족도, 감사하기로 구성되어 있다. 어려운 용어들로 소개되어 있지만, 상식적으로 생각해도 역경이 닥치거나 스트레스를 받았을 때 긍정성이 높은 사람은 역경 속에서 의미를 발견하고 그것을 자신이 성장하는 자양분으로 만드는 탁월한 능력이 있다.

에디슨이 몇백 번 실험에서 실패했을 때 투덜거리는 조수에게, "우리는 실패하는 방법을 이렇게 많이 찾아낸 것이라네"라고 반응했다는 이야기는 유명하다. 실패와 좌절 속에서 의미를 찾고 스토리를 만드는 힘, 회복탄력성이 높은 사람들이 가진 공통된 특성이다. "가난했기에 《성냥팔이 소녀》를 쓸 수 있었고 못생겼다는 놀림을 받았기에 《미운 아기 오리》를 쓸 수 있었다"는 안데르센의 말은 자신의 어려움이나 역경을 디딤돌로 이용하는 회복탄력성 고수들의 태도를 잘 보여준다.

"제 인생에서 그 정도의 일은 장애물도 아니에요"

6학년을 맡았을 때 다른 반 한 여학생을 두고 담임선생이 칭찬하던 말이 기억난다.

어느 날 공개 수업을 하러 들어갔는데 한 여학생이 유난히 눈에 띄었다. 빨려 들어갈 정도로 수업에 집중했고 눈에서 레이저가 나올 것처럼 눈빛이 살아 있었다. 그 아이의 태도와 눈빛을 잊을 수가 없어서 담임선생에게 그 학생에 대해서 물어보았다. "대단한 아이"라며 입이 마를 정도로 칭찬을 했다.

가영이는 집안이 가난했다. 게다가 엄마가 알코올중독이었다. 어느 날 학교에서 불우이웃돕기 성금을 전달해야 해서 어머니를 학교에 오시도록 했는데, 엄마는 술과 약을 함께 먹은 상태라서 제대로 몸을 가누지 못하는 상황이었다. 비틀거리며 학교에 오는 엄마를 보면 대부분의 아이들은 외면하거나 피했을 것이다. 그러나 가영이는 아무렇지 않은 듯 엄마를 부축하며 "엄마, 오늘은 좀 참지 그랬어" 하고 달래듯 말하며 교장실로 데리고 갔다는 것이다. 엄마의 상태에 당황하던 담임선생이 무안할 정도였다고 한다. 가난한 환경과 온전하지 못한 엄마 때문에, 또 그런 엄마를 보여야 하는 처지에서 아이는 분명 상처를 받았을 것이다. 그러나 잘 극복하며 생활하고 있었다. 물론 이런 학생들이 유년 시절을 부모의 역할로 채우며 또 다른 인생의 과제로 한동안 힘들 수도 있다. 그러나 어찌 보면 희망이 없는 것 같은 상황에서 좌절과 포기 대신에 희망과 열정을 선택한 것은 그 아이의 힘이고 의지임에는 분명하다. 그 아이에게서 나오는 긍정의 에너지는 주변을 숙연하게끔 만들었다.

어느 날 두 여학생이 '멘탈 갑'인 가영이를 뒷담화하고 조금 괴롭히는 느낌이 있어서 담임선생이 먼저 가영이를 불러서 어떻게 도와줄지 물어보았다고 한다. 그런데 아이의 말에 교사가 오히려 배웠다고 한다.

"선생님, 제 인생에서 그 정도의 일은 장애도 아니에요. 제가 꿈을 갖고 있고 그 꿈을 이룰 사람인데, 이 정도는 뭐 일도 아니고 장애물에 끼지도 못해요. 걱정 마세요."

아이의 당당함과 자신감에 오히려 미안할 정도였다는 담임선생의 말을 들으며, 아이가 어린 시절을 풍족하게 누리지 못하고 어렵게 사는 것이 안타깝기도 했지만 이다음에 뭔가 이룰 아이가 아닐까 존경스럽기까지 했다.

자신의 삶에 당당하고, 어려운 상황에서도 낙관적으로 보며, 이 상황을 자신에게 유리하게 만드는 힘이 어쩌면 학교에서 우리가 아이들에게 길러 주어야 하는 가장 중요한 힘일 것이다.

상처를 받아 덧나고 고름이 생길 때 아프지만 짜내고 튼튼한 피부와 면역력을 가질 것인지, 덧난 곳 그대로 계속 고통 속에 살 것인지는 개인에게 달려 있다. 이러한 '회복의 힘'은 타고난 점도 있고 기질적인 것도 있지만, 교육과 훈련으로 길러지고 강화될 수 있는 것은 분명하다. 항상 움직이고 운동하면서 건강한 체력을 갖도록 한다. '건강한 몸에 건강한 정신이 깃든다'는 고리타분한 말이 사실은 맞는 말이다. 아울러 작은 것에도 감사하며 행복한 감정을 느끼도록 기회를 주는 것이 필요하다. 이런 교육이 피해자 교육, 방관자 교육에서 가장 먼저 이루어져야 할 것이다.

우리가 피해학생의 모든 것을 책임지고 상처를 낫게 할 수는 없다. 그러나 자존감 붕괴라는 상처에서 그들이 더 빨리 회복하고 일어날 수 있도록 도와주는 것이 우리 교사들의 책임임에는 분명하다. 어쩌면 교사로서 했던 시도가 만족할 만한 결과를 가져오지 못할 수도 있다. 그러나 한 생명의 영혼을 스스로 치유하도록 힘을 길러 주는 것은 세상에서 가장 소중하고 고귀하며 아름다운 교육일 것이다. 인생 최고의 무기를 만들어 주는 최고의 교육일 것이다.

늑대로 변한
토끼들

집단 괴롭힘 사건을 조사하다 보면, 가해자와 피해자가 뒤바뀐 경우가 있다. 태어날 때부터 가해자인 아이들, 마찬가지로 처음부터 피해자인 아이들은 없다. 사실 인간의 내부에 선과 악이 공존하듯이, 가해자들에게도 그 나름의 이유와 가해를 하기 전에 입은 피해가 있고 피해자들에게도 가해자로 둔갑하게 된 구구절절한 사연이 있다. 따라서 학교폭력 사건이 일어났을 때 어느 시점을 뚝 잘라서 가해자와 피해자를 가리는 것은 바람직하지 않다. 한 단면만 놓고 차가운 법의 시선으로 가해자와 피해자를 구분하는 것은 또 다른 억울함을 가져올 수밖에 없다.

여우 덫

6학년 담임을 맡았을 때 일이다. 교사가 된 이후로 하루도 거르지 않고 아이들의 일기장을 검사하던 시절이었다. 일기장을 두 권 준비하고 날마다 내도록 하면서 생활지도에 열의를 보여 준다는 위안을 삼고 있었다. 아울러 날마다 일기를 쓰는 것으로 아이들에게 성실함을 강요했던, 정말 깐깐한 교직 생활을 해 나가고 있었다. 국가인권위원회에서 일기장 검사를 학생 인권을 침범하는 행위로 보고 일기장 검사를 하지 않도록 권고한 뒤로는 대체할 만한 것들을 생각하기는 했다. 어떻든, 일기를 자주 쓰다 보니 아이들은 나에게 고민을 털어놓기도 했다. 특히 여학생들은 마음속 이야기를 섬세하게 쓰는 편이라서 생활지도를 하는 데 도움을 받았던 것이 사실이다.

그러던 어느 날 성연이가 일기장에 쓴 내용 때문에 고민에 빠졌다. 본래 성정이 활달하지만 아버지가 간암으로 갑작스럽게 돌아가셔서 한동안 우울하게 지냈던 아이다. 갑작스런 아버지의 죽음으로 나도 황망함을 느꼈고, 부랴부랴 병원으로 찾아가서 조문을 했다. 장례식장 앞에서 울던 성연이를 생각하면 학교에서 겉으로 씩씩한 척하는 모습이 더 안쓰러웠다. 그런데 그런 아이의 일기장에는 뜻밖의 고백이 들어 있었다.

우리들은 '여우 덫'을 만들었다. 혼자서는 싸울 수 없었다. 다행히 그 아이에게 나만큼 당했던 아이들이 꽤 있었고, 우리 여섯 명은 본격적으로 그 아이에게 복수하기로 했다. 그리고 어느덧 우리는 그 여우를 서서히 숨 막히게 하는 것 같다.

이렇게 시작되는 성연이의 일기를 읽고 심장이 쿵 내려앉았다. 착한 성연이가 무엇 때문에 그럴까, 나머지 아이들도 나름 착실한 아이들인데 이게 무슨 일인지, 아이들 머릿속에서 이런 생각이 나오다니 말이다. 이상한 것은 정작 그 여우의 처지인 지예에 대해서는 이 아이들에게 느끼는 안타까움만큼 걱정이 되지 않았다는 것이다. 전교 부회장인 지예의 강하고 거침없는 성정, 절대 손해 보지 않는 평상시의 행동, 말발이 세서 어떤 아이든지(특히 소심한 아이들) 내리누르는 교만함에 나 또한 마음이 상하고 탐탁지 않았다. 아울러 자신이 아이들한테 집단 괴롭힘을 당했다고 느꼈다면 가만히 있지 않았을 거라는 생각도 있었다. 지금 생각하면 참으로 위험한 착각이었다. 하지만 나는 이미 이 사건의 피해자는 지예라기보다는 성연이를 포함한 여섯 명일 수도 있다는 직감대로 움직였던 것 같다.

고민하며 성연이에게 일기장 이야기를 꺼냈다. 그리고 여섯 명 아이들을 불렀다. 성연이는 기다렸다는 듯이 이야기를 시작했다.

성연이가 아버지 장례를 치르고 학교에 와서 생활하던 어느 날, 상장(喪章)의 일종인 머리핀을 다시 꽂으려고 거울을 보고 있었다고 한다. 그때 지예가 지나가다가 성연이를 보면서 "너는 아빠가 돌아가셨는데 아무렇지도 않나 봐? 거울 보고 단장까지 하고 있네? 그 하얀 핀은 멋으로 꽂는 건가 봐?" 하고 비웃었다는 것이다. 이 말을 듣고 너무 황당하고 충격을 받아서 하염없이 눈물을 흘리며 서 있었는데, 이 모습을 보고 친구 몇 명이 와서 위로를 해 주었다고 한다. 자초지종을 들은 친구들이 분노하며 지예의 뒷담화를 하기 시작했다는 것이다.

말이 뒷담화지 지예한테 언어폭력을 당하면서 마음에 쌓였던 한들을 풀어내는 과정이었단다. 같이 한 과제를 혼자 한 것처럼 선생님에게 말했던 일, 청소 당번이 될 때마다 선생님이 자리를 비우면 전교 부회장이라는 직분을 이용해 청소를 시켜 놓고 학원 시간 늦는다고 혼자 가버린 일, 심지어 자신은 바쁘다며 휑하니 가버려 혼자서 청소한 적도 있었다는 이야기들이 봇물 터지듯 쏟아졌다. 단원평가 시험지를 낚아채더니 "어머, 이런 쉬운 것도 틀려?" 하며 큰 소리로 망신을 준 일, 좋아하는 친구와 이간질을 시킨 일까지 다양했다.

아이들은 지예한테 당한 일을 서로 이야기하는 과정에서 지예를 응징해야 한다는 데 의견을 모았다. 워낙 머리가 좋고 대범하며 무엇이든 능수능란한 지예에게 대적할 수 있는 방법은 함께 머리를 맞대 공격하는 것이라고 결론을 내렸다고 한다. 결속력을 강화하기 위해 지예를 여우로 간주하고, 지예를 난처하게 만들고 자신들이 당한 것을 되갚아 줄 덫들을 생각하기 시작하면서 '여우 덫'이라는 일종의 복수를 위한 비밀 조직을 만든 것이다.

"그래, 너희들이 어떤 걸 했는지 말해 줄 수 있니?"

"우선 혼자 있지 않고 되도록 여섯 명이 같이 있는 거요. 지예가 다가오면 말을 그치구요, 말 걸면 대꾸하지 않구요. 조금 당황한 것 같은데 곧 생글거리며 다른 친구들에게 가더라구요. 엄청 세요. 그래서 더 강하게 했어요. 지예에 대한 소문을 만들어서 퍼뜨렸어요. 늘 동생을 데리고 다니고 동생들도 많고 그래서 집이 가난하다, 아빠가 없다고 소문을 냈어요. 그리고…… 걔한테 당한 친구들 위로해 주면서 우리 편으로 만들고 같이 험담했어요. 체육 시간에는 한편 되지 않기, 같이 째리기, 점심시간 도시락 반찬 보고 후졌다 말하기. 그리고 결정적으로 지예 동생이 자주 교실로 찾아오는데 점심시간에 들어오려고 하면 위협하고 쫓아냈어요. 걔가 우리에게 한 것처럼요."

"너희들이 지예에게 어떤 불만이 있는지 잘 알고, 그런 마음도 이해가 된다. 하지만 결국 너희들이 집단으로 지예를 괴롭힌 결과가 되는 건데……. 지예 엄마가 또 웬만한 분이 아닌데 학교폭력으로 신고하실까 걱정돼(민원이 많고 불만과 요구 사항이 많은 지예 엄마를 평소 껄끄럽게 생각했던 것을 그만 아이들 앞에서 은연중에 말하고 만 것이다). 이제 그만하는 것이 맞아. 다른 방법으로 해결해야지. 그나저나 그렇게 하니까 마음은 좀 풀렸니?"

"…… 모르겠어요."

"그래? 시원할 줄 알았는데, 뭔가 꺼림칙한 거구나. 그 느낌이 왜 그런지 생각해 보렴. 아마도…… 너희가 한 일들이 지예가 너희들에게 한 것과 같아서, 결국 지예나 너희들이나 다 같은 사람이 된 것 같아서……. 다른 사람에게 상처 주는 사람."

내 말에 아이들은 고개를 푹 숙인다. 뭐라고 딱히 꾸중한 것도 아닌데, 뭔가 바람직하지 않은 일을 했다는 것을 이미 감지하고 있었고 그 때문에 양심의 가책을 느끼는 것 같았다. 아이들 마음이 이렇게 약

하고 순한데 울분이 모여서 집단 괴롭힘이라는 커다란 괴물을 만들고
만 것이다.

"지예가 너희들에게 준 아픔은 선생님도 충분히 공감이 돼. 지예
가 친구들을 무시하고 함부로 하는 태도를 보면서 지예한테 어떻게 말
할지 고민이야. 하지만 지예가 상처 준 것과 같은 방법으로 대한다고
지예가 달라질 거 같지 않아. 더구나 너희들이 한 일은 집단 괴롭힘이
분명하고 학교폭력이야. 지예가 아직까지 너희들이 일부러 그랬다는
건 모르는 것 같다. 이쯤에서 그만두는 게 어떨까?"

"하지만 지예가 계속 그러면요? 너무 말을 잘하고 센 아이라서 걔
가 말로 공격할 때 너무 힘들어요. 그리고 이간질의 천재예요. 걔한테
친구도 뺏겼고, 내 동생이 우리 교실에 나 만나러 왔을 때 쫓아냈어요.
자기 동생은 뻔질나게 드나들게 하구서는……."

"알아, 너희 마음. 충분히 황당하고 슬프고 서운하고 어이없고 밉
고, 그래서 분노할 만해. 하지만 같은 방법은 안 돼. 효과도 없고. 선생
님이 일단 지예한테 이야기해 볼게. '여우 덫'이라는 말이 절대 지예 귀
에 들어가서는 안 될 것 같아. 너희들이 엄청 분노하고 고통스러워하
고 있다는 걸 선생님이 충분히 알았고, 지예한테 잘 전달해 볼게."

이 사례에서 가해자는 '여우 덫'을 만든 여섯 명의 아이들이다. 그
러나 원래부터 악한 아이들도 아니고 재미를 위해서 집단 괴롭힘을 시
작한 것도 아니다. 한 아이에게 당한 아픔을 어떻게든 풀고 싶어서 비
슷한 사연을 가진 아이들이 힘을 모은 것이다. 바람에 쓰러지지 않으

려고 서로 부둥켜안고 있는 풀들처럼 말이다. 그래서 가해자지만 가해자가 아닌 아이들이다. 하지만 지예에게 고의로 무시하는 행동을 했고, '관계적 폭력'뿐만 아니라 적극적으로 지예의 사회적 네트워크를 손상시키려는 '사회적 폭력'도 행사했으니 괴롭힘이 맞다. 다만 이런 사실을 인식시키는 과정에서 먼저 아이들의 마음을 이해해 주는 것이 필요하다. 핑계를 듣자는 것이 아니라 진정한 원인을 찾자는 것이다.

'우리는 개한테 복수를 한 것뿐이에요.'

결국 피해자들이 모여서 가해자를 물어버린 것이다. 쥐도 구석에 몰리면 고양이를 문다고 하지 않던가. 아이들은 가해자에게 대적하기 위해 또 다른 '집단 가해'라는 맞불을 놓았다. 이렇게 맞불 놓는 것을 무조건 잘못이라고 다그쳐야 하는가?

가해자와 피해자의 모습이 해마다 바뀌고, 힘없이 당하던 아이들의 마음속에 쌓인 울분이 어느덧 날카로운 칼이 되어 상대를 공격하는 모습은 안타깝다. 놀란 토끼가 너무나 큰 불안과 분노 때문에 늑대로 변해 주변을 물어뜯는 경우가 종종 있다. 이때 어른들이 늑대인 지금의 모습 이전에 토끼와 같은 순하고 불안에 떨던 모습이 있었음을 알아채고, 아이들과 그 모습에 대해서 이야기를 하며 자신을 깨닫도록 하는 것이 진정한 대처 방식일 것이다.

가해자
이야기

가해자는
즐거울까

디디에 드조르(Didier Desor)의 쥐를 이용한 실험에 따르면, 쥐 집단은 그 수에 따라 일정한 비율의 계급이 형성된다고 한다. 여섯 마리의 쥐가 건너편까지 헤엄을 쳐서 먹이를 얻는 과정에서 모든 쥐가 노력해서 자기 몫을 얻는 것이 아니라 일종의 역할 분담이 이루어지는데 피착취형 두 마리, 착취형 두 마리, 독립형 한 마리, 천덕꾸러기형 한 마리가 존재한다는 것이다. 피착취형 두 마리가 힘들게 헤엄쳐서 먹이를 구해 오면 착취형 두 마리가 기다렸다가 공격해서 먹이를 빼앗는다. 독립형 쥐는 힘이 세기 때문에 스스로 노력해서 먹이를 가져오고 그 대가를 스스로 누린다. 천덕꾸러기 쥐는 기술도 힘도 없기에 구석에 있다가 다른 쥐들이 남긴 부스러기를 주워 먹고 산다.

실험 결과를 일반화하기 위해 그룹을 늘려 보아도 결과는 같았다.

심지어 착취형에 속하는 쥐만 여섯 마리를 모아서 관찰해 보니 밤새도록 싸운 뒤에 같은 비율로 피착취형, 착취형, 독립형, 천덕꾸러기형으로 나뉘었다. 피착취형 여섯 마리만 따로 떼어내서 실험을 해도, 독립형 여섯 마리에서도 마찬가지 결과였다. 놀라운 것은 천덕꾸러기 그룹에서도 이런 역할 분담이 이루어졌다. 수를 늘려 2백 마리의 쥐들로 실험해도 치열한 싸움 끝에 이튿날 아침에는 비슷한 비율로 계층이 나뉘었다. 조금 다른 것은 개체 수가 늘어날수록 특히 천덕꾸러기에 대한 학대가 가혹해졌다는 것이다. 2백 마리 속의 천덕꾸러기 세 마리는 털가죽이 벗겨진 처참한 모습으로 발견되었다.

문득 우리 인간도 동물인 이상 이와 같지 않을까 하는 생각이 든다. 반에서 아이들의 생태도를 보면 힘이 있고 공격적이며 아이들을 괴롭히는 아이들, 괴롭힘을 당하는 아이들, 제일 힘이 없고 무기력한 아이들, 독립적으로 심지 굳게 사는 아이들이 비슷한 비율로 형성되는 것을 볼 수 있다. 물론 다른 동물 세계보다는 더 복잡해진다.

같은 공격자(쥐 실험의 '착취형 쥐'에 속하는)라고 하더라도 주도적인 공격자와 옆에서 공격자를 추종하고 부추기는 아이들이 있다. 또 지능이 좋아서 아이들을 교사하는 데 능한 엄친아 같은 아이도 무시무시한 공격자다. 그 아이들의 지시에 맞게 행동하는 아이들, 알아서 학급 내 지위나 물건을 빼앗기 위해 공격성을 발휘하는 힘센 아이들도 있다. 여학생들 사이에서 소위 인기 있는 아이들이 발휘하는 공격성도 무시할 수 없다. 자신을 추종하는 그룹을 형성해 인기를 누리며 희생양을 정해 정서적으로 공격하고 상처를 주는 아이들도 있다.

피착취형에 속하는 아이들도 다양한 구성을 이룰 것이다. 곧, 착취를 당하는 대상이 무엇이냐에 따라 다양하다. 돈이나 값비싼 의류(신발들을 포함한), 스마트폰 데이터와 같은 물질을 빼앗기거나, 애써 만든 친구 관계를 착취당하는 경우도 있다. 또는 공부를 잘하지만 힘이 없어서 숙제를 대신 해 주거나 심지어 시험을 칠 때 답을 알려 주는 등 다양한 피착취의 모습을 띤다. 이것도 착취인가 생각하겠지만, 대인 관계에 대한 착취도 있다. 친한 친구들을 하나씩 자기 그룹의 편으로 만들면서 피해자의 사회적 관계망을 무너뜨리는 것이다.

어쨌든 쥐나 인간이나 다르지 않다는 것이 자존심 상하기는 하다. 그러나 다행인 것은, 쥐를 포함한 동물들과는 달리 이런 상황을 조정하려는 완화자나 문제를 해결하려는 또래 중재자와 같은 역할을 하는 아이들이 있다는 것이다. 인성 또는 도덕성, 양심이라고 말할 수 있는 인간의 고등한 인성 지능이 오랜 가정교육과 학교교육, 사회교육을 통해 끌어내어지고 형성되면서 아픔을 공감하고 올바르지 않음을 느낀다. 이런 정의감으로 착취자와 피착취자 내지는 천덕꾸러기, 가해자와 피해자가 있는 상황에 대한 다양한 개입이 또래 사이에서 이루어질 수 있다. 이것이 동물 세계에서 본능적으로 존재하는 다름에 대한 경계와 공격, 약한 것에 대한 무시와 경멸, 따돌림과 괴롭힘이 인간 세계에서는 통제되고 해결될 수 있다는 희망을 갖게 하는 실마리가 될 것이다.

그러나 이 연구에서 가장 의미 있는 실험 결과는 피착취형, 착취형, 독립형, 천덕꾸러기형의 계급 중에서 가장 스트레스를 많이 받는 쥐가 누구냐는 것이다. 뇌를 해부해 조사한 결과 착취형 쥐들이 스트레스를 가장 많이 받는다. 이들은 자신이 특권을 잃고 힘들게 먹이를 구해야 하는 날이 올까 봐 마음 졸이며 살고, 이런 긴장감으로 스트레스를 받고 더욱 심하게 공격하면서 알 수 없는 불안에 대응한다. 늘 노동에 시달리고 착취를 당하는 피착취형의 쥐들만큼, 이들을 공격해 착취하는 쥐들도 지위를 유지하고자 하는 안팎의 투쟁으로 스트레스와 불안이 높아지고 결국 내부가 손상되어가는 것이다.

학교에서 우리 아이들의 삶도 이렇지 않을까? 피해학생들이 겪는 압박감과 억울함, 분노, 무기력은 누구나 쉽게 공감이 되고 많은 이들이 이해하고 아파한다. 그러나 가만히 들여다보면, 학교에서 소위 일진처럼 떠받들리거나 쉴드(방패, 보호막)가 막강하고 인기 있는 아이들이 그 지위를 유지하기 위해 쏟는 처절한 노력도 무시할 수 없다. 그들의 보이지 않는 불안, 초조, 압박감에 더러는 연민이 들기도 한다. 주변의 시선을 늘 의식하고 힘과 권력을 가진 듯 허세를 부릴 때도 있어야 하고, 때로는 혹시나 자신을 전복시키려는 다크호스가 나타나지 않을까, 자신을 은근히 따돌리거나 무시하는 분위기가 있지 않은가 불안하다. 내가 만든 성(城)과 같은 탄탄한 그룹이지만 혹시 내가 내쳐지지는 않을까, 2인자로 전락하지 않을까 전전긍긍하는 모습으로 숨 막히게 살 수도 있다. 쥐 실험에서 가장 스트레스를 많이 받아 뇌 손상이 심한 집단이 착취형 쥐라는 사실을 통해 가해학생들의 실제 내면을 깊이 있게 생각해 볼 필요가 있다.

리더십의 종류에서 '카리스마 리더십'이 있다. 히틀러와 같은 독재 정치가들이 주로 구사하는 이 리더십은 그들이 권력을 유지하는 방법이 되기도 한다. 우선 본인을 신격화하고 다스리는 모든 사람들의 면면을 감시하면서, 그들로 하여금 '나는 너희들의 일거수일투족을 모두 알고 있다'는 인상을 주기 위해 노력한다. 실제로 국민들을 통제하기 위해 감시 체제를 만들고 살핀다. 주변에 충성스러운 핵심 부하들로 인(人)의 장막을 치고, 그 부하들로 하여금 반항의 분위기가 보이면 싹이 나올 때 잘라버리도록 한다. 본보기로 몇몇에게 폭력을 가하며 반항의 핵심을 강력하게 처단하면서 공포 정치를 실시한다. 물론 카리스마 리더십이 잘만 쓰이면 혼란스러운 정국을 잘 정돈할 수도 있다. 권력을 잡은 초창기에는 더욱 그러하다. 그러나 경직된 분위기는 결국 문제를 낳는다.

교사의 학급 경영에서도 따뜻한 인간애가 없이 카리스마만 있으면 교실은 비인간적인 통제의 장소가 되고 만다. 마찬가지로 어떤 인기 그룹을 유지하기 위해서는 카리스마 리더십이 필수적일 수밖에 없고, 이런 일련의 조치들이 불신과 불안에서 오는 부정적인 스트레스를 일으키기 때문에 가해학생에게 버거운 일일 수밖에 없다.

가해자는 스트레스를 받지 않는가? 그렇지 않다. 피해자만큼, 아니 그 이상으로 자신의 지위를 유지하기 위해 엄청난 불안과 스트레스를 받는다는 것을 디디에의 쥐 실험으로 알 수 있다. 가해학생들은 자신이 가진 나름의 감각으로 자신의 아성을 무너뜨릴 만한 존재를 먼저 공격하고 적극적으로 고립시키기도 한다. 그 공격을 당하는 피해자들의 마음과 처지는 그야말로 지옥이겠지만, 가해자들 또한 이미 마음이 무너져 있거나 다양한 상처로 벌어져 있는 처참한 상황인 아이들일 수 있음을 생각해야 한다.

그렇다고 가해학생의 행위를 옹호하는 것은 결코 아니다. 쉽사리 용서하는 것이 과연 옳은지, 다양한 사례 속에서 아니라는 증거들이 많다. 〈오늘〉(이정향 감독)이라는 영화를 보면, 반성하지 않은 가해자를 풀어 주었더니 또 다른 피해자를 만들어 내는 처참한 결과를 그리고 있다. 아이가 어리다는 이유로, 어려운 환경에 있었다는 이유로 동정심에 사로잡혀 가해자를 쉽게 용서했을 때 발생할 수 있는 더 큰 부정적인 결과는 참으로 암울하기까지 하다. 어쩌면 충분한 반성의 시간을 주지 않고 가해학생을 쉽사리 용서하는 것은 그 학생을 위한 것이 아닌지도 모른다. 처분을 내린 어른의 입장에서 내 마음이 불편하니까 '반성을 했을 거야' 하는 지레짐작으로 쉽게 처벌을 완화한 것일 수도 있다. 또 다른 피해자가 발생하지 않도록 가해학생을 용서하는 것은 아주 신중해야 한다.

다만, 이들을 어떻게 대할 것인가 논의하기 전에 가해학생들도 학급 내 권력 구도 속에서 아등바등하는 또 다른 피해자일 수도 있음을 고려해야 한다. 어쩌면 피해자 입장에 있어 보았기에 다시 그 자리에 가고 싶지 않아서 더 강하고 모질게 공격하고 괴롭히는 것일 수도 있음을, 그들의 마음을 이해하는 과정이 필요하다. 행동의 결과에 대해 그 대가를 치르고 책임을 지도록 하는 것은 당연하다. 피해학생을 위해서도 더 크게는 가해학생을 위해서도, 아울러 공동체 구성원들을 위해서도 말이다. 하지만 결국 그들은 공동체 밖으로 밀어낼 수 없는 우리 사회 구성원이다. 그래서 그들을 진정으로 변화시켜야 하는데, 이러한 변화는 강제로 할 수 없다. 그들이 진정으로 반성하도록 해야 한다는 것, 결국 그 반성은 가해학생에 대한 이해에서 시작된다는 것을 말하고 싶다.

물론 가해학생이 생기기 전에 예방하는 것이 최선일 것이다. 그래서 인성교육, 학교폭력 예방 관련 교육이 학교 사회에서 끊임없이 진행되고 있다. 짧게는 캠페인부터 시작해서 공감교육, 법을 통한 인식교육을 실시한다. 더 나아가 가해학생 처분에 대한 법적 조항을 알리는 경고성 교육, 약간의 협박 같은 교육까지 다양하게 이루어진다. 그럼에도 불구하고 자꾸만 피해학생들이 생기고 고통스런 상황이 계속되다 보니 절망감이 반복되는 것도 사실이다. 솔직히 가해학생의 내면을 깊이 이해하기 전에 피해학생의 상처와 고통을 먼저 보게 된다. 그러다 보니 감정에 복받쳐 가해학생의 행위 자체에 몰두하며 분노감에 휩싸인다. 이런 강한 분노감으로 인해 처벌을 이유로 또 다른 폭력이나 낙인 피해가 일어나지 않도록 하기 위해 학교폭력대책자치위원회를 열고 규정대로 1호에서 9호까지 처분을 내리는 것이 현재 학교폭력대책 예방법이다.

하지만 누차 말한 것처럼, 한 걸음 떨어져서 보면 가해학생과 피해학생은 일종의 사이클을 형성하며 처지가 뒤바뀌면서 악순환을 이루고 있음을 알 수 있다. 오늘의 가해자가 내일의 피해자가 되거나 피해자였던 아이들이 더 악랄한 가해자가 되기도 한다. 따라서 한 시기를 잘라 관련 학생들을 처벌하고 끝나는 것은 피해학생은 물론, 특히 가해학생에게는 효과적인 개입이 아닐 경우도 많다는 것이다. 오히려 처분에 대해 피해학생뿐만 아니라 가해학생도 억울해하는 경우를 종종 본다. 전문가의 중재 아래 서로 마주하여 공감하는 시간을 갖고, 진정으로 사과하고 반성하는 과정이 없다. 법의 처분에 따라 객관적이라는 이름으로 피해자도 가해자도 소외된 법적 제재만이 던져지듯 주어지니 다들 억울하다.

피해학생에게는 자존감을 회복하고 정의가 바로 세워지는 용서 상담이 필요하고, 가해학생에게는 자신에 대한 이해와 진정한 반성으로 이끄는 상담이 이상적일 것이다. 무엇보다 가해학생에게 진정한 내면 성찰을 위한 상담은 재발을 막는 필수 과정이다.

가해자는
왜 그럴까

오프라인에서건 온라인에서건 아이들이 보이는 공격성은 우리를 좌절시킨다. 그런데 가해학생들도 엄청난 스트레스를 받는다면 도대체 굳이 왜 그런 가해 행동을 하는 것일까? 가해학생들이 어떻게 그렇게 남다른 공격성을 갖게 되었는지, 그 원인을 어디에 두느냐에 따라 학교폭력을 바라보는 다양한 이론들이 있다. 이 이론들은 실제 사례를 분석하고 연구하며 종합한 것들로, 또 다른 사례를 보는 돋보기가 되어 준다. 이 돋보기로 살펴보는 것은 가해학생과 피해학생을 이해하는 데 큰 도움이 된다.

우선 '개인의 내적 원인'으로 보는 경우다. 곧, 개인 자체가 문제여서 문제라는 입장이다.

무엇보다 생각하는 방식이다. 자신에게 닥친 상황의 원인을 어떻게 해석하고 누구의 원인으로 돌리는지, 생각하는 방식에서 공격적으로 행동하는 것이 결정된다는 이론이 있다. 물론 어떤 애매모호한 상황에서 기질이 공격적인 아이들은 그 성정도 공격적일 가능성이 있다. 그러나 더욱 중요한 것은 인식의 패턴이다. 어떤 상황을 적대적으로 바라보는 것에 익숙해서 별달리 공격적으로 상황을 보면서 '저 녀석은 나를 무시하는 거야' 하며 가해 행동을 한다. 내가 가해 행동을 하는 이유는 쟤가 문제이고(외부 요인), 내가 이렇게 적극적으로 공격하지 않으면 이 상황은 계속될 것이며(변화 불가능에 대한 불안), 공격이 최상의 방어(통제 가능성에 대한 신념)라는 생각으로 행동하는 것이다. 아울러 피해 학생들은 이런 상황이 내가 못나서 이렇게 당하는 것이고(내부 요인), 이 상황은 변하지 않을 것이며(변화 불가능 요인), 내가 어떻게 해 볼 수 없는 상황(통제 불가능)이라는 귀인을 하게 되면 지속적인 수동적 피해자로서 학교생활을 해 나갈 수밖에 없다. 이 관점은 개인의 내적 원인으로 학교폭력을 바라보는 '귀인 이론'이다.

또한 공격적인 아이들은 사회적인 정보를 처리하는 과정에서 특히 상황에 대한 해석을 잘못해 상황을 오해하고 폭력을 습관화한다는 관점도 있는데, 이는 '사회적 정보 처리 이론'이다. 정보를 수집하고 그것을 기호화한 후 해석하는 과정에서 잘못 해석하여 잘못된 행동을 선택하고 실제 주변으로부터 문제 행동으로 여겨지는 것이다. 세상을 보는 렌즈의 색이 달라서 그렇게 볼 수밖에 없다. 가끔 사람들과 대화를 하다 보면 '엇, 저렇게도 생각할 수 있구나!' 하며 새삼 놀랄 때가 있다.

그런데 이것은 나 또한 그들 편에서 보면 다른 해석 방식을 갖고 있다는 것을 의미한다. 이 해석 방식에서 어떤 것이 절대적으로 올바른 것인지 가늠할 수는 없지만 최소한 우리가 생각하는 상식적인 수준이 있는데, 유난히 상대방의 행동을 공격적으로 해석한다면 분명 교육이 필요하다.

인간관계에 대한 정보를 처리하는 데에서 발생하는 오류는 특히 전두엽이 리모델링되는 청소년기에 심해진다. 이 결과 자신의 정서를 제대로 인식하는 능력과 정서를 관리하는 능력이 떨어진다. 이를 피니어스 게이지(Phineas Gage) 증후군이라고도 한다. 남학생들 사이에서 이유 없이 싸움이 일어났을 때 왜 그랬는지 물어보면, "저 녀석이 나를 쏘아보잖아요!" 하고 씩씩댄다. 실상 그냥 지나가다 눈길이 멈춰 바라본 것인데, 그 순간 눈이 마주치면서 눈빛을 자기 멋대로 해석하고 전체 맥락을 놓치면서 타인의 입장보다는 자기중심성에 빠져 쉽게 흥분하고 충동적으로 행동하는 것이다.

결국 이 두 이론은 학교폭력 관련 학생들을 변화시키려면 폭력에 대한 인지적인 패턴을 바꿔 주어야 한다는 것인데, 무엇보다 해석의 틀을 변화시키게끔 해야 한다고 말한다.

두 번째로 '개인 대 개인'의 관점에서 공격성이 형성된다는 관점도 있다.

'애착 이론'은 부모와 애착이 불안정하거나 건강하지 못할 때 인간관계에서 갈등을 많이 느끼고 적대감을 형성하면서 학교폭력 관련 학생이 될 수 있다고 이야기한다. 애착은 인간이 태어나서 만나는 첫 번째 주 양육자와 접촉하면서 형성되는 심리적인 유대감이다. 이 유대감은 인간에 대한 신뢰감, 인간에 대한 관점으로 이어지며 결국 관계의 뿌리가 된다. 이것이 채워지지 못할 때 아이들은 다양한 문제 행동을 일으키고 정서적 문제에 시달린다. 친구들에게 유난히 집착하고 그 과정에서 범죄에 쉽게 연루되는 것도 심리적인 허기 때문인 경우가 많다. 아이들의 공격적인 행동을 바라보는 교사가 그 원인을 부모와 애착이 잘못된 것으로 볼 때, 아이를 다그치기보다는 따뜻하고 일관되게 대하면서 유대감을 형성하도록 기다려 주는 역할을 하거나 그런 상담자를 연결해 주기 위해 노력하게 된다.

애착 이론에 이어 가장 강력한 이론은 '사회 인지론'이다. 아이들은 부모, 또래, 교사라는 환경과 상호작용하면서 공격성을 배우며 갈등을 처리하는 방식을 관찰하고 배운다. 공격적인 분위기와 환경 속에서 아이들은 폭력을 배울 수밖에 없다. 더구나 공격적인 대상을 통해서 그들의 행동뿐만 아니라 정서, 심지어 자신이 저지른 폭력을 합리화하는 경향까지 배우게 된다. 가정폭력의 세습, 학급 붕괴로 이어질 수 있는 학급 내 폭력 행위의 강화, 청소년들의 폭력 문화는 어찌 보면 사회관계 속에서 보고 배운 것이다. 우스갯소리로 학교만 모르고 있는, 미디어에 넘쳐 나는 폭력물에 아이들이 노출되어 있는 지금의 상황이 안타깝기만 하다.

세 번째로 '발달적 모형'이 있다. 이것은 한 아이가 가족 속에서,

사회적 상호작용 속에서, 또 폭력의 경험 속에서 어떻게 학교폭력 관련자가 되어가는지 설명한다.

'사회적 상호작용 발달 이론'은 아이가 태어나서 비행청소년이 될 때까지 어떤 경로를 거치는지 살펴서 원인과 해결책을 찾는다. 기질이 까칠하거나 산만하게 태어난 아이가 부모, 또래들과 상호작용이 원만하지 못한 가운데 서서히 공격성을 발달시켜간다. 아이가 자꾸 문제를 일으키다 보니 교사마저 심각하게 아이를 바라보면서 이 아이는 학교에서 설 자리를 잃어버린다. 교사와도 사이가 좋지 않아 학업 성적은 떨어지고 더 크게 배척을 당한다. 이 과정에서 학교에 적응하지 못하고 배회하는 비행청소년들과 어울리면서 비행을 통해 유대감을 형성하고 인정받으며 아이의 비행은 심화, 발달되어간다. 다양한 사회적 상호작용 속에서 겪은 배척이 결국 아이의 발달 과정에서 폭력성을 심화시킨다는 이론이다.

발달적 모형의 또 하나는 '가족 체계 이론'이다. 가정이나 학교에서 폭력성이나 문제 행동을 보이는 아이들이 문제 행동을 하는 이유는 아이가 그렇게 해야만 가족이 유지된다고 보는 입장이다. 아이의 문제 행동으로 인해, 병리적인 가족이 그나마 대화를 이어가고 교류하기 때문에 아이는 암묵적으로 문제 행동을 강요받는다. 아이가 문제 행동을 그치면 가족의 체계가 깨진다는 아주 아이러니한 관점이다. 희생양인 이 아이는 가족의 체계를 유지하는 존재인 것이다.

예전에 같은 반 친구들을 공격하고 늘 학습을 방해하던 IQ138인 한 남학생이 있었다. 상담사와 연결해 알아낸 사실은 아이는 자신의 문제 행동 때문에 서로를 증오하는 부부가 그나마 말을 하고 어떻든 소통을 하게 만드는 희생양이었다. 더 애처로운 것은 어머니는 아이를 집안의 대를 잇는 수단이자 시댁으로부터 인정받는 수단으로 여겼다는 사실이다. 더욱 마음 아픈 것은 양부모 밑에서 엄격하게 자란 아버지가 자신의 신세에 대한(아이가 셋임에도 불구하고 여전히 부모 집에 얹혀사는) 울분을 쏟아 내는 도구로 아이를 냉정하고 엄격하게 키우면서 아이에게 그 울분이 고스란히 전해졌다. 그 대물림은 결국 아이의 기괴한 문제 행동들로 나타났다. 가족 체계 이론은 가족이라는 울타리 안에서 학대받는 아이들이 어떻게 문제아로 자라는지 독특하지만 충분히 이해가 되는 시각을 제시한다.

발달적 모형의 마지막 이론으로 '폭력 경로 발달 이론'이 있다. 아이가 폭력을 발달시키는 과정에서 발달 초기부터 폭력을 발생시켰는지, 아니면 청소년 후기에 발달시켰는지에 따라 폭력의 재발을 예측할 수 있다는 것이다. 연구 결과에 따르면 청소년 초기부터 가출, 폭력, 비행을 일삼은 아이들은 계속적으로 반복해서 비행을 일으키는 데 비해 청소년 후기에 문제 행동을 일으킨 아이들은 재범률이 낮다고 한다. 따라서 초기에 문제를 일으킨 아이들에게는 더 심도 있는 개입이 필요하다. 아울러 이 이론에서 중점적으로 보는 것은 초기에 문제 행동을 많이 일으킨 아이들이 후기에 다른 긍정적인 행동들을 보이며 잘 적응하는 경우다. 이 아이들에게 그런 변화를 가져온 요소를 찾고 그것을 일반화시키는 데 초점을 맞추는 이론이다.

네 번째 학교폭력 이론은 '거시적 모형'인 '생태학적 이론'이다. 아이를 둘러싼 가정, 학교, 지역사회, 문화까지 아이의 환경을 확장한 이론이다. 여러 국면을 살피고 실질적으로 지원이 필요한 곳을 찾아 적극적으로 개입하고자 하는 모형이다. 아이의 공격적인 행동을 단 하나의 이론으로 도식화하여 설명하는 것이 아니라 여러 겹으로 이해하면서 어떻게 개입할 것인지 전략을 선택하는 데 중점을 두는 입장이다. 학생들이 공격성을 쉽게 배우는 텔레비전 시청 시간에 영향력을 직접 행사하는 것보다는 그것을 비판적으로 바라보는 분별력을 길러 주는 것, 부모와의 부정적 상호작용에 직접 개입하기는 곤란하지만 대신 효과적으로 갈등을 해결하는 법을 익히도록 하는 것이 이 접근법의 예다. 아이를 둘러싼 환경 전반을 분석하고 가장 효과적으로 개입할 수 있는 전략을 찾아 접근하는 방법이라서 분명 매력적이다. 그러나 문제는 아이를 둘러싼 영역 전반을 분석한다는 자체가 너무나 어렵고 많이 수고롭다는 점이다. 이런 생태학적 모형을 기반으로 연구한 논문이 그다지 많지 않다는 것은 그만큼 연구가 어렵다는 의미이기도 할 것이다.

결국 대부분의 이론들이 가리키는 것은 아이, 그리고 아이와 관계하는 사람, 사회다. 아이들은 사회라는 울타리 안에서 안전하게 자라야 한다. 보이지 않지만 존재하는 이 울타리는 감시의 역할도 한다. 그러나 이제는 어른이 개입하기엔 너무나 광대한 세계들이 등장하고 있다. 그 넓은 세계에서 어른들은 아이들 각자가 경계를 세우도록 교육하는 것이 최선일 것이다. 이 경계가 사라지면 아이들은 다양한 잔혹사를 연출하기 때문이다. 울타리가 사라지면서 인간성이라는 경계가 허물어지는 경우도 있다. 특히 울타리를 제대로 세우도록 도와주지 못하는 부모와 교사, 사회가 큰 문제다. 지나치게 허용하는 부모 아래에서 충동적이고 자기 관리가 안 되는 아이들이 길러진다. 사랑과 엄격함이 함께하는 부모, 부모로서의 역할을 자기 인생의 아름다운 의무로 생각하는 부모는 아이들이 적절한 울타리 안에서 자유롭게 탐색하도록 도울 것이다. 그러나 자유라는 미명하에 지나치게 허용하는 부모는 아이들에게 경계를 모르고 타인을 침범하며 타인에게 함부로 하는 반사회적 특성을 갖게 한다. 그런 부모가 많아지고 있고, 이는 고스란히 서로에 대한 공격으로 이어지고 있다는 사실이 안타깝다.

이런 상황은 부모뿐만 아니라 교사일 때도 마찬가지다. 아이들의 행동을 너무나 허용하고 방임하는 교사가 운영하는 학급에서 아이들 또한 공격적인 행동이 강화될 수 있다. 자신을 지켜 주는 울타리가 없으니 그 안에서 다양한 권력 구조를 형성하고 이 권력을 지키기 위해 공격적으로 행동한다. 이것은 인간의 자율성과는 다른 이야기다. 앞에서 말했다시피 가장 착한 교사가 아이들을 잔인하게 만드는 나쁜 교사일 수 있는 것이다.

아이들은 '나도 잘할 수 있다'는 느낌, 곧 유능감을 기르고 정체성을 탐색하는 발달 과정에서 분명 자유를 원한다. 그러나 한창 독립적이고 자유를 추구하는 청소년 시기의 아이들도 구심점을 찾고 자신을 잡아 줄 누군가를 원한다. 또래 관계에 몰두하는 시기지만, 한편으로는 부모와 교사가 늘 옆에 있어 주기를 간절히 원하는 것이다. 무엇보다 힘들고 지쳐 있을 때 위로해 주는 의리 있는 부모, 좌절하고 있을 때 관심을 가져 주고 방향을 안내하는 교사를 찾는다. 이것이 깨졌을 때, 울타리를 쳐 주는 어른, 보호해 주는 어른을 만나지 못했을 때 아이들은 또래 관계에서 다양한 모습으로 공격하거나 공격당하는 것이다. 어찌 보면 아이가 그렇게 자란 것은 그렇게 자라도록 직·간접적으로 가르친 어른과 그런 환경을 만들어 준 어른이 있었기 때문이다. 케케묵은 이야기지만 아이는 어른의 뒷모습을 보고 자라는, 어른의 거울이기 때문이다.

반성의 역설

가장 친했던 세 아이

　가해학생들을 상담하다 보면 가끔 그 무덤덤함에 분노를 느낀다. 여학생 세 명 사이에 일어난 사건이 있었다. 다양한 위협과 교묘한 방법으로 자신보다 공부도 잘하고 집이 잘사는 친구를 괴롭혔던 가해학생을 조사하기 위해 상담을 했다. 상담 과정에서 아이의 천연덕스러운 말과 행동에 순간 분노가 일었던 적이 있다. 피해학생은 겉으로는 집이 잘사는 것 같지만, 엄마가 병으로 돌아가셔서 바쁜 아버지 대신 동생을 돌보는 처지였다. 그 사실 때문에 피해학생이 더 안쓰러워서, 아무렇지 않게 말하는 가해학생의 태도가 영 마음에 들지 않았다.

　가해학생 두 명의 괴롭힘 중에는, 아이들이 하교하는 교문 앞에서 무릎 꿇고 사과하게 하기, 피해학생의 실내화를 대걸레 빠는 구정물에 넣고 실내화를 벗은 채 양말 바람으로 하루 종일 돌아다니도록 하기에 서부터 시험 빵점 받기, 주차된 차 보닛에 올라가 뛰기 등 심각한 것까지 다양했다. 그러나 내가 가장 분노했던 것은 '앞머리 사건'이었다. 집에서 앞머리를 자르고 오라는 지시(앞머리를 자르고 오지 않으면 언니 친구인 중학생 날라리 언니들이 학교로 찾아와 손을 봐 준다는 협박과 더불어)로도 모자라 학교 화장실에서 가위를 들고 친구의 앞머리를 자르고 인증 샷을 찍었다. 조사를 위해 나타난 문제의 가해학생은 앞머리를 세팅기로 둥글게 단장하고 나타났다. 피해학생 앞머리는 너무 짧게 잘라서 위로 뻗어 흉하기 그지없이 만들어 놓고, 정작 자신은 앞머리에 온갖 멋을 부리고 나타나 반성의 태도 없이 말하는 아이를 보니 화가 끓어올랐다. 아이의 말하는 태도에 당황스러움과 분노를 느꼈고, 계속 관찰하면서 이상하다는 감정에 사로잡혔다.

조사 과정에서 이런 감정을 드러내는 것은 득 될 것이 없다. 지금 생각해 보면 아이의 무심한 행동, 반성하지 않는 행동에 유난히 화가 난 이유가 무엇인지 곰곰이 생각해 보았어야 했다. 감정코칭에서 말하는 '초감정(풀리지 않은 미해결 인생 과제)'과 맞닿아 있을 수도 있으니 말이다. 지금 이 사건을 쓰면서 문득, 내가 5학년 때 아빠에게 앞머리를 잘린 일이 떠오른다. 그런 내 초감정 때문이었을까, 건조하게 말하려고 노력했지만 결국 나도 모르게 "앞머리를 참 공도 들였네? 네 친구는 앞머리가 맹구처럼 되어서 집에만 있는데……" 하면서 은근하게 나무라는 말로 기어이 분노를 소심하게나마 표현하고 말았다.

그 아이와 말하는 중에 결국 근본적인 질문이라 생각하고 단도직

입적으로 물었다.

"너는 그 친구가 그렇게 미웠니? 머리를 그렇게 만들고 싶을 만큼?"

그랬더니 무덤덤하지만 얼마간 속내를 털어놓는다.

"어느 날 앞머리를 예쁘게 하고 왔는데, 자랑을 많이 해서 샘이 났어요. 난 미용실 갈 돈도 없는데, 자기는 매직도 하고 앞머리 롤파마도 하고 자랑을 해서 그냥 눌러버리고 싶었는데…… 마침 같이 다니는 다른 친구가 그 아이 뒷담하는 말을 들으면서 이때다 싶어서 같이 노예 게임을 계획하게 됐어요."

여기까지 말할 때는 한편 그 아이의 심정이 이해가 되었다. 하지만 "그럼, 지금 네 머리는 마음에 드니?" 하고 물었더니 "예. 머리가 잘된 것 같아요" 하고 슬쩍 웃는다. 지금 상황은 자신과 관련이 없는 일인 양 말하는 태도에 순간 마음이 서늘해졌다. 공감과 죄의식이 느껴지지 않는, 물 위에 뜬 기름과 같은 아이의 태도가 걱정스러웠다. 그러면서 이 아이와 상담을 한다면 오래 해야겠구나 생각했다.

그런데 이렇게 친구를 괴롭힌 학생들이 쓴 반성문을 보면 정말 이렇게까지 도덕적일 수 있을까, 이렇게 수려한 문장 구성력이 있을 수 있을까, 놀랍기까지 할 때가 있다. 오카모토 시게키(岡本茂樹)가 쓴 《반성의 역설》에 나오는 가해학생의 반성문을 빌려 내가 만난 이 학생이 쓸 만한 반성문을 제시해 보겠다. 이 학생이 쓴 것은 아니지만 가해학생들은 대체로 이렇게 반성문을 쓴다.

저는 친한 친구를 괴롭히는 부끄러운 짓을 저질렀습니다. 사과 한마디로 용서받을 일이 아니라고 생각합니다. 집에 있으면서 지난 제 잘못을 되돌아보면서 제가 얼마나 어리석고 잘못된 행동을 했는지 깨달았습니다. 저를 위해 힘들게 일하시는 부모님뿐만 아니라 저를 믿고 지켜봐 주셨던 선생님들을 실망시킨 점 진심으로 반성하고 있습니다. 이 일로 근신 처분을 받았는데, 스스로 반성할 시간을 가질 수 있어서 오히려 감사하게 생각합니다. 정말 많은 분에게 잘못을 저질렀습니다. 제가 괴롭힌 그 친구와 그 친구의 부모님께 죄송합니다. 제가 잠시 제정신이 아니었던 것 같습니다. 그리고 저를 걱정하는 마음으로 야단치신 여러 선생님께 머리 숙여 용서를 빌고 싶습니다. 그리고 이렇게 못난 제게 애정 어린 꾸중을 해 주신 선생님께 진심으로 감사드립니다.

이제부터는 친구들을 괴롭히거나 심한 장난을 치지 않겠습니다. 어리석은 행동으로 친구에게 상처를 주지 않겠습니다. 어려운 친구들을 돕는 착한 학생이 되겠습니다. 두 번 다시는 이런 일이 없을 것입니다. 실망시키지 않도록 최선을 다하겠습니다. 정말 죄송합니다.

이 반성문에 대해서 어떻게 생각하는가? 절절하게 반성하는 이 글이 바람직한 반성문이라고 생각하는가?

나를 포함한 교사들은 대체로 반성하고 있다고 생각해서 안심할 수 있다. 이렇게 반성하고 있는데 무슨 상담이냐고, 더 파고들면 아이가 힘들어하고 너무 과하면 엇나갈 수 있으니 이쯤에서 이 반성문을 피해학생에게 보여 주고 마무리하는 것이 좋을 거라고 판단할 수도 있다. 어쩌면 사건이 빨리 종결될 수 있으니 반성문이 완성된 것을 다행이라고 생각할 수도 있다. 정말 반성한 것일까?

안타깝지만, 오카모토 시게키의 연구에 따르면 범죄를 자주 저지르는 수형자들은 이 반성문을 보고 대부분 '거짓 반성문'이라고 대답했다고 한다. 처벌에서 빨리 벗어나고 싶어서 쓴 '악어의 눈물'이라고까지 했다는 것이다. 이래서 사회에서 다양한 경험을 많이 한 사람들 입에서 "선생들은 너무 순진하다"는 말이 나오는지도 모르겠다. 아이의 가능성, 긍정적인 면을 바라보고 싶은 교사의 욕구가 반영되어 진심 어린 반성문이라고 긍정적 착각을 하게 되는 것이다. 그러나 산전수전 다 겪어 본 범죄자들은 이 반성문이 처벌에서 벗어나려는 '착하게 보이기'의 면피성 의도를 가진 것임을 간파한다. 이들이 어떤 통찰력이 있어서라기보다는 다양한 사람들을 겪어 보았고, 또 본인들이 거짓 반성문을 많이 써 보았기 때문에 더 잘 알아본 것일 수 있다.

더 심각한 것은, 심리학 연구자들은 이 아이에 대한 처벌이 이 반성문으로만 끝나게 되면 또다시 비슷한 사건을 일으킬 가능성이 높다고 대답을 했다는 점이다. 지나치게 빨리 반성하는 태도는 오히려 가해학생의 재범 가능성이 더 높은 상황임을 반영하는 것일 수도 있다는 것이다. 왜 그럴까?

오카모토의 주장에 따르면, 무작정 반성을 강요하면 자신의 마음에 어떤 문제가 있는지 인식하지 못한 채 습관화된 방식을 지속하면서 더 큰 잘못을 저지를 수 있다. 물론 반성은 해야 한다. 반성은 단순히 후회하는 마음에서 더 나아가 앞으로 어떻게 하겠다는 실천을 다짐하는 과정이기 때문이다. 그러나 가해학생들의 진정한 변화를 원한다면 반성 전에 해야 할 일은 솔직하게 감정을 토해 내도록 하는 것이다.

에니어그램 성격 유형에서 완벽주의자인 1번 유형의 교사라면, 가해학생들과 상담을 하면서 첫 단계인 '억압된 감정 토해 내기'를 진행하는 것은 사실 견디기가 쉽지 않을 것이다. 시시비비를 가리고 죄가 밝혀지며 그에 맞는 대가를 치르는 것이 중요하다고 생각하는 완벽주의자 입장에서는, 가해학생들이 말하는 솔직한 감정을 들으며 그들이 '죄책감'을 느끼고 있지 않음을 예리하게 감지하는 순간(이것이 1번 성격의 축복이면서 동시에 고통이다)을 참을 수 없을지도 모른다. 하지만 진정한 반성은 솔직한 자기 이해에서 시작된다.

보통 가해학생들은 가해 행동이 드러나 조사를 받게 되면, '아, 정말…… 왜 그랬지? 이렇게 고생을 하네……(후회)' '나 학교에서 짤리는 거 아냐?(불안)' '이러다가 감옥 가는 거 아냐? 그럼, 난 나중에 취직도 못 할 텐데. 대학도 못 가는 거 아냐?(공포)'라는 생각을 가장 먼저 하게 된다. 심지어 '왜 나만 갖고 그래? 다른 애들도 응원했는데. 말리지 않았으면 그래도 된다는 거잖아? 찌질한 행동을 하니 당할 만해서 당한 건데 나를 처벌한다고? 너무하네!'라는 이기적인 생각들을 한다고 한다. 이것을 도덕적으로 비난하기 전에 솔직히 우리 자신을 생각해도 나 때문에 어떤 실수가 빚어졌을 때 죄책감을 먼저 느끼기보다는 두려움과 후회가 먼저라는 것을 인정하자. 대부분 자기 입장에서 먼저 생각하다 보니 불안해하고 후회하는 것이 인지상정이라는 것이다. 그래서 처음부터 비난하거나 반성을 강요하는 것은 가해학생들의 합리화

내지는 상황을 모면하기 위한 다양한 핑계와 자기 억압을 가져온다는 점에서 결코 바람직한 대처가 아니다.

가해학생들을 대할 때 대부분의 어른들은 "그 아이(피해학생) 편에서 생각을 해 봐. 얼마나 힘들고 괴로웠겠니?"라고 억지 공감을 끌어내려고 하거나, "네가 그러고도 사람이니? 어떻게 친구에게 그렇게 대할 수 있니?" 하면서 비난을 하는 것이 대부분일 것이다. 그러나 가해학생의 진정한 변화를 바란다면, 재범을 막고자 한다면 보다 전문적인 개입이 필요하다. 억지 공감을 강요하거나 비난하기 전에 학교폭력으로 나타난 아이의 문제 행동에 숨겨진 마음을(본인도 모르는) 찾아 자기 자신을 먼저 이해하도록 도와야 한다.

그 전문적인 개입의 첫 번째가 '안심하고 사건에 대한 자신의 솔직한 감정을 쏟아 내도록 하는 것'이다. 그 감정이 매우 비도덕적이고 바람직하지 않더라도 조용히 들어 주는 것(그렇다고 폭력 행위를 용인하는 태도를 보여서는 안 된다), 그래서 맘껏 솔직한 생각을 풀어내도록 해야 한다. 그냥 조용히 경청하고 거울을 비추듯 반영하는 것이다. 뻣뻣한 머리카락에 샴푸질이 필요하듯, 마음의 가닥을 정리하려면 자신의 마음에 거품을 내는 과정이 꼭 필요하다.

두 번째 전문적 개입은, 실컷 쏟아 낸 감정 속에서 왜 그런 문제 행동이 나타났는지 깊이 성찰하며 자기를 이해하도록 하는 것이다. 공부를 지나치게 강요당하고 성적으로 학대를 당하는 머리 좋은 아이들이 뒤에서 교사하고 괴롭히는 행동을 하는 이유, 물건을 상습적으로 훔치는 이유, 반복적으로 폭력 사건에 연루되는 이유, 갖가지 문제 행동을 일으키는 이유를 스스로 깨닫도록 하는 것이다.

아들러(Alfred Adler) 이론에 따라 드레이커스(Rudolf Dreikurs)는 비행 청소년들의 숨겨진 욕구를 네 가지로 나타냈다.

먼저 '주목 끌기'로 나를 봐 달라는, 인간 본연의 인정 욕구를 충족하기 위한 수단으로써 문제 행동을 택한다. 문제라는 수식어를 얻더라도 무관심보다는 낫다는 것이 인간의 묘한 심리다. 그만큼 주목받고 인정받고자 하는 인간의 마음은 아주 뿌리 깊은 욕구다.

두 번째로 '힘겨루기'다. 아이들 중에는 인정의 욕구를 넘어 자기 고유의 힘을 얻고 싶어 하는 경우가 있다. 학급 내의 보이지 않는 권력 구도 속에서 문제 행동을 해서라도 아이들의 우위에 서고자 한다. 심지어는 선생님보다도 우위에 있고 싶어 하며, 아이들의 선망과 인정을 얻기 위해 교사에게 대들기도 한다. 공부로 안 된다면 물리적인 힘을 과시해서라도 내가 강하다는 것을 표출하고 싶어 하는 경우다. 아니면 학급 내 집단을 만들고 강화해서 교사에게 대항하기도 한다.

세 번째로 '복수'다. 나를 무시하거나 나에게 상처를 준 사람들에 대한 앙갚음을 그 당사자나 집단에게 직접 할 수도 있지만, 투사의 감정으로 걸리는 그 누구에겐가 복수심을 쏟아버릴 수도 있다. 더 무서운 것은 자신과 비슷한 처지의 아이들을 보며 자신의 모습이 겹쳐 보이는 게 견딜 수 없어 공격을 하는 경우도 있다. 도스토옙스키의 《까라마조프의 형제들》에는 "악인은 악인을 미워한다"는 구절이 있다. 자신과 같은 부정적인 모습을 가진 사람을 보면 동병상련을 느끼는 것이 아니라 피하고 싶어 하는 것이다. 사람은 자신의 그림자나 단점을 가지고 있는 사람을 보면 본능적으로 피하거나 깨부수고 싶은 욕구를 가지고 있는 것 같다. 슬프지만 그 대상이 심지어 자녀일 때조차도 말이다. 그래서 그런 투사의 감정을 성찰해야 내 공격성이 이상한 방향으로 흘러가는 것을 막을 수 있다.

네 번째로는 '무기력한 행동'이다. 학급 내에서 그림처럼 앉아 있고 반응이 없는 아이들, 무엇이든 싫다고 하고 움직이지 않는 아이들이다. 교사로서는 가장 대응하기 어려운 학생들이다. 그들을 움직이려는 많은 시도들이 섣부르게 작용해 인권 침해가 될 수도 있고, 간접적인 폭력 내지는 무관심과 방치라는 학대의 일종으로 대응하게 될 수도 있다는 점에서 다루기 어려운 학생들이다. 사실 그동안은 이 아이들을 문제라고 말하지는 않았다. 그러나 무기력은 수동적인 공격이며 자신을 표현하는 방식이다. 억압을 있는 그대로 표현하는 것이며, 분노를 '될 대로 돼라'는 무력함으로 나타내 상대방을 지치게 하는 가장 극단의 방법이다. 가정폭력에 시달리던 여학생이 원조교제를 하는 것도 일종의 복수일 수 있고 자기 자신에 대한 체념의 표현일 수 있다. 너무나 많이 실패하고 좌절하다 보니 아무런 희망도 없이 무기력한 행동으로 적응하며 견디는 것이다. 하지만 마음속 깊은 곳에서는 그 누구보다도 자신에게 손을 내밀어 줄, 희망의 불씨를 지펴 줄 누군가를 찾고 있는지도 모른다.

비행청소년들의 기본 욕구를 보았을 때 선뜻 받아들이기는 어렵지만, 가해학생들은 인간관계에서 또 다른 피해자일 가능성이 높다. 특히 집에서 주 양육자에게 받았던 상처들, 제대로 보살핌과 경계(분별력)를 배우지 못한 결과들이 폭력적인 행동으로 나타나는 경우가 많다. 가해학생 저마다 자신도 미처 알지 못하는 고통을 알아차리고 인식하도록 도와야 한다. 그 고통 때문에 자신의 가해 행동들이 만들어지고 반복되었다는 것을 깨닫도록 하는 과정은 아주 중요하다. 그런데 만약 이렇게 나에게 숨겨진 상처가 있는데 자꾸만 다른 사람의 상처를 이해하라고 하면 제대로 이해할 수 있겠는가? 내 내면의 에너지도 고갈된 상황에서 내가 공격한 타인을 이해하도록 강요하는 것은 억지 반성을 이끌고 또 다른 억압을 낳는다. 결국 더 큰 가해 행동을 가져오는 악순환의 결과를 만들어버린다.

이제까지 우리는 피해자의 시점에서 가해자를 변화시키려고 노력해 왔다. 곧, 가해자에게 '피해자의 처지가 되어 봐라, 공감해 봐라' 하면서 반성을 강요하였다. 그러면서 딱히 피해자에 대한 대책이나 개입이 있는 것도 아니었다. 오히려 가해자에게 반성을 강요하는 과정에서, 가장 보호되어야 할 피해자는 진정한 사과도 받지 못한 채 가해자에게 또 다른 원한의 대상이 되고 만다. 강요되고 설익은 반성의 시간은 피해학생에게도 가해학생에게도 어떤 도움이 되지 못한다.

학교폭력은 가해학생이 저지른 행위의 결과다. 따라서 오카모토의 말처럼 '가해자 시점'에서 시작해야 한다. 용서받지 못할 행동임에는 분명하지만 가해학생의 행위에는 이유가 있다. 그 이유를 밝혀내야 가해학생의 행동을 변화시킬 수 있다.

공감교육만이
학교폭력을 막을 수 있을까

우리가 생각하는 학교폭력 예방 프로그램은 경찰관이나 법조인이 와서 학교폭력 가해자가 겪게 되는 과정을 이야기하면서 이런 과정에 휩쓸리지 않도록 조언하거나 경고를 하는 것이 대부분이다. 좀 더 신경을 쓴다면 '학교폭력 예방 프로그램'을 운영하는 것이다. 학교폭력 피해학생의 마음을 생각하고 공감하도록 훈화를 할 수도 있지만, 안전한 상황에서 피해학생의 마음을 직접 겪고 느끼는 역할극 들로 마음을 움직이는 것이 더욱 효과가 있을 것이다. 충분히 교육적이고 효과가 있어 보인다.

그러나 가해학생을 대상으로 할 때 그 효과는 일시적이다. 무엇보다 '피해학생의 처지'에서 가해학생을 돌아보도록 하는 과정은 방관하는 학생들에게는 효과적일 수 있으나 가해학생들에게는 큰 효과를 기대하기 어렵다. 지속해서 가해 행동을 해 온 학생들이 그런 공감 능력을 갖는다는 것은 결코 쉽지 않은 일이다. 그랬더라면 애초에 괴롭히지도 않았을 것이다. 그만큼 죄의식을 갖기에는 마음의 여유가 너무 없고, 다른 갖가지 이유로 가슴속은 가시덤불이기 때문이다. 말했다시피 가해학생은 공격성이 키워질 만한 뭔가의 이유로 마음이 엉켜 있어 피해학생의 처지를 돌아볼 여유가 없는 상태일 때가 많다.

예를 들어 친구들에게 가슴을 후비는 아픈 말(욕을 포함한)을 아무 죄책감 없이 하는 가해학생은 부모에게서 그런 말을 듣고 자란 경우가 대부분이다. 처음에는 부모가 내뱉는 거칠고 인격을 짓밟는 말들에 마음이 쓰라려 어쩔 줄 몰라 했을 것이다. 그러나 그런 쓰라림을 이겨 내려면 감정을 차단하는 것이 방책임을 느끼고 감정을 억압하기 시작한다. 내 고통을 느끼지 못하니 타인의 고통도 느끼지 못하고, 어느덧 웬만한 욕설이나 인격을 모독하는 말에도 움찔하지 않게 된다. 이것을 우리는 '강해진 것'으로 착각할 수 있다. 그러나 강해진 것이 아니라 고통의 감정을 억압하며 스스로 무뎌진 것이고 둔감해진 것이다. 그러다 보니 자신이 받은 상처대로 타인을 대하면서 어느덧 가해학생의 처지에 놓이게 되는 것이다.

이렇게 부모에게 학대나 방임, 또는 엄격한 가정교육을 받으며 억압된 분위기 속에서 분노를 키워 온 가해학생에게 처음부터 피해학생의 마음을 생각하라고 요구하는 것은 좀 가혹하지 않을까? 학교폭력은 마음속에 쌓이고 쌓인 부정적 감정, 잘못된 가치관을 학교폭력의 형태로 분출했을 가능성이 높다. 따라서 가해학생에게 먼저 해야 할 일은 자신의 마음을 들여다보도록 하는 일이다. 누군가에게 느낀 부정적인 감정을 모조리 털어 내는 것에서 시작해야 한다. 왜 그렇게 피해학생을 괴롭히고 못살게 굴었는지 그 뒤에 숨겨진 이유, '너는 어떻게 살아왔니?'를 물으며 가해자의 이야기를 깊이 들어 주는 것이 가해학생이 진정으로 변화하는 시작이 될 것이다.

상처가 부른 살해

대학원 석사 과정을 밟을 때 보호관찰소에서 개인 상담을 하며 만난 고교 중퇴 여학생이 있었다. 나와 만났을 때는 소년원에 다녀온 뒤라 스물이 갓 넘었다. 자기 뒷담화를 하는 후배에게 복수하기 위해서 친구들을 모아 길들이기를 하다가 여럿이 후배를 때리게 되었고, 결국 후배가 숨지면서 소년원에 갔다가 나온 상황이었다. 소년원에서 고등학교 검정고시도 합격하고, 자격증도 이것저것 따면서(이 자격증 중에는 보육교사 자격증도 있었다) 성실하게 복역했다. 나와서 아르바이트를 하면서 바르게 살려고 노력하고 있었다. 교정 시설에서 좋은 선생님들을 만나 앞으로 어떻게 살 것인지 잘 깨닫고 나온 것 같아 다행이었다. 좀 아이러니하지만 어린이집에서 아이들을 돌보는 아르바이트를 하고 있었고 아이들이 귀엽고 예쁘다고 했다.

보호관찰 기간에 상담자인 나를 만나서 여러 이야기를 나누었다.

"그 후배가 많이 미웠나 보네. 사건 좀 얘기해 줄래?"

"예, 버디버디(일종의 SNS)에서 그 애가 제 뒷담을 하고 다니다가 저한테 들켰거든요. 순간 참을 수가 없어서 애들을 모아서 머리를 좀 때리며 물었는데, 째려보면서 고개만 숙이고 아무 말을 안 하길래 더 화가 나서 패기 시작했어요. 처음에는 용서해 달라고 하거나 잘못했다고 하거나 뭐 그러면 조금만 손봐 주려고 했는데, 아무 말도 안 하고 그냥 서 있으니까 너무 화가 나서…….”

“그래서 결국 여럿이 후배를 때렸구나.”

“쓰러진 애를 여럿이 밟고 때렸는데, 갑자기 숨을 안 쉬는 것 같았어요. 그때 멈추고 병원에 데려갔어야 하는데, 우리는 쇼하는 거라고 더 때렸어요. 정신이 나갔던 거지요. 한번 화가 폭발하면 멈출 수가 없거든요.”

담담하게 말하는 것을 들으며 죽은 피해학생이 겪었을 공포와 죽음의 길까지 이른 고통을 생각하니 나도 모르게 역전이(가해학생에 대한 분노와 같은 부정적인 감정)가 일어날 것 같았다. ‘아무리 그래도 어쩜 그런 일을 할 수 있니?’ 하고 말하고 싶었지만, 그러면 마음의 문을 닫아버릴 테니 좀 더 차분하게 묻기 시작했다.

“지금은 후회가 되니?”

“당연하지요. 감옥까지 다녀왔고 저는 사회에서 찍혔는데요? 죽일 생각은 없었는데 여럿이 그렇게 때리다 보니…….”

“그런데 그 후배가 어떤 욕을 했길래 그렇게 화가 났니?”

“…… ‘걸레 같은 년’이라구요. 제가 남자 친구가 자주 바뀐다고. 사실 제가 원하지 않는데 자꾸 남자애들이 만나자고 해서 저는 적당히 사귀다가 그냥 그만둬요. 저랑 같이 다니는 아이들 사이에서 제가 ‘얼굴 마담'이거든요. 제가 남자애들한테 인기가 있고, 그래서 애들이 우러러보는 데 제가 좀 역할을 해요. 제가 그렇게 해서 우리 그룹 가오도 살려 줘야 아이들도 제 쉴드를 쳐 주고요."

"'걸레 같은 년'이라…… 많이 열받았겠다. 결과는 너무 참담하지만 네가 화가 날 만하긴 했겠다. 인생 엿 같네."

"어, 선생님도 그런 말 써요?"

"어? 나도 욕 잘해. 편하게 말하자."

"예, 그 후배 년 말 들으니까 엄청 뚜껑이 열렸어요. 내가 꼬시는 게 아니라 그냥 있어도 남자들이 오는 걸 어떻게 해요? 저는 그냥 이용하면 되는 거구요. 새끼들이 좋아서 사귀는 것도 아니고 적당히 놀아 줘야 괴롭히지 않아요. 그년 말처럼, 저는 남자를 밝히지 않아요. 남자새끼들은 다 똑같거든요."

"남자새끼들은 다 똑같다고?"

"예, 잘난 놈이건 아니건 남자새끼들은 모두 개새끼들이죠."

"그럼…… 너희 아버지도?"

갑자기 눈빛이 번뜩였다. 뭔가 정곡을 찌른 듯하여 나 또한 단단히 마음먹고 밀고 나가야겠다고 생각했다.

"제 인생이 이 모양이 된 것, 아빠새끼 때문이에요."

잠시 침묵이 왔다. 아이(20대 초반인데도 나에겐 이상하게 아이로 보였다)의 고통과 증오가 느껴졌다.

"그 새끼가 얼마나 바람을 많이 피웠는지, 엄마는 죽어라 공장에서 일하는데, 와서 술 먹고 때리고 돈 뜯어 가고 다른 년들이랑 놀아나고……. 어릴 때 엄마랑 같이 아빠랑 바람난 아줌마들 찾아가기도 했어요. 머리끄덩이 잡고 물어뜯고 울고불고……. 창피하기도 하고 엄마가 불쌍하기도 하고, 그 새끼가 오면 답답하기도 하고……. 집에 있는 게 너무 힘들었어요. 아빠새끼 들어와서 엄마 때리는 것도, 술 먹고 지랄하는 것도. 심지어는 같이 바람난 여자가 들어와서 살다가 나가기도 했어요.”

“같이 살았다고? 너희 아빠나 그 여자들이나 제정신이냐?”

“그러게요. 엄마가 그년들 옷도 빨아 주더라구요. 아 씨발, 그래서 가출을 자주 하고, 결국 1년 꿇었어요.”

“정말 힘들었겠네……. 아빠 때문에 힘든 시간을 보냈구나. 네가 욕하고도 남을 사람이네. 아빠 때문에 가출하고 집 밖에서 생활하기 시작했구나.”

또다시 침묵이 흘렀다.

“이렇게 말하니 어떠니?”

“그 새끼 얘기 웬만해서 안 하는데, 하고 나니 좀 시원하네요. 엄마도 답답하고, 왜 그렇게 사는지…….”

“그럼, 가출해서는 어떻게 살았니? 아르바이트를 했니?”

“사실 고등학생이라 아르바이트도 잘 안 받아 주고, 돈도 너무 적고 그래서…… 친구 권유로 단란주점에서 일했어요.”

“뭐? 고등학생인데 받아 주든?”

“선생님, 세상을 너무 모르시네요. 고등학생이라고 더 환영하던데요. 장사도 잘된다고. 세상은 나쁜 새끼들만 있어요.”

"네 말 들으니 정말 슬프다……. 그런데 다행히 거기서 오래 일하지는 않았네."

"다행이요? 다행인가? 거기 사장새끼가 부모 잘 만나 젊은 나이에 그 가게 차린 거더라구요. 처음엔 잘 대해 줘서 고마웠는데…… 그 새끼한테 성폭행당했어요."

"뭐라고?"

충격적인 말에 심장이 얼어붙는 듯했다.

"그 사장이 몇 번이나 그랬니?"

"나만 그런 게 아니었어요. 같이 일하는 아이들 중에도 당한 애들이 있었어요. 한 번 당했을 때 나오고 싶었는데 어떻게 할지 몰랐고, 지금 나가면 월급 안 준다고 해서 버텼어요."

"그 사장 결혼했니?"

"예, 애까지 있던데요."

"그럼, 너도 부인에게 알린다고 하고 협박을…… 내가 너무 정신 없는 소리 했나?"

"그럴 걸 그랬나 봐요. 그때는 어디 기댈 곳도 없고, 잠자고 먹을 곳도 없어서 그냥 버텼어요. 그런데 그 새끼가 또 덮칠 때 안 되겠다 싶었고, 죽고 싶었어요. 갑자기 엄마가 생각나 전화했는데, 엄마가 사정 대강 듣고 울면서 어서 나오라고 얼른 집으로 돌아오라고 해서 도망치듯 나왔어요. 월급도 다 못 받구요."

"찢어 죽일 놈이네."

"그런데 집으로 들어가니까 아빠가 있었고, 아빠가 나를 보더니 대뜸…… '걸레 같은 년'이라고 했어요. 아빠라는 사람이 그러면 되나요? 제가 뭘 잘못했는데요?"

갑자기 울기 시작하는 아이를 바라보며 말이 쉽사리 나오지 않았다. 꽃다운 나이에 짓밟힌 아이의 인생이 너무나 마음 아팠다.

"어휴, 저런…… 몹쓸 사람 같으니, 누구 때문에 나간 건데, 그렇게 말하면 안 되지! 아버지가 개새끼 맞네."

아이가 가출하며 겪은 몇 달간의 고통스러운 사건들, 그전에 아버지라는 존재에게 당한 고통들이 결국 남자에 대한 불신감으로 뿌리 깊게 박혀 있었다. 그 트라우마로 아이는 남자들을 가볍게 사귀고 진지하게 발전되는 과정에서 스스로 멈추기를 반복했다. 곁에서 보았을 때는 남자를 밝히는 사람으로 여겨졌을 것이다. 죽은 후배나 다른 사람들 눈에는 바람둥이로 보이기도 하고 부러움의 대상이 되기도 했을 것이다. 어쩌면 그 후배가 좋아하는 남자와 삼각관계가 되어 이런 비극적 결과가 되었는지도 모르겠다(후배가 그렇게 본격적으로 욕하고 다닌 이유가 남자 친구를 뺏겨서라고 얼핏 말했던 것 같다).

그러나 다른 여학생들이 질투할 만큼 아이는 행복하지 않았다. 당사자인 아이의 마음은 남자에 대한 불신과 아버지에 대한 증오, 성폭행에 대한 트라우마로 하루하루 버겁게, 그 고통을 느끼지 않기 위해 무리 속에서 피상적으로 살아오고 있었다. 남자들에 대한 깊은 혐오의 감정으로, 적당히 사귀고 버리는 과정을 반복하면서 작게나마 복수를 한 건지도 모르겠다. 무엇보다 성폭행을 당하고 피폐하게 돌아온 딸에게 아버지가 던진 "걸레 같은 년"이라는 욕은 비수가 되어 아이에게 더 고통스러운 상처가 되어버렸다. 그런데 하필 그런 욕을 후배에게 듣고 말았다. 아이의 이성을 잃게 만드는 촉발 버튼을 눌러버린 것이다.

후배를 집단으로 때려서 죽인, 살인이라는 범죄를 저지른 것은 용서받지 못할 행동임에는 틀림없다. 그러나 아이가 그런 행동을 하게 된 이유, 이성을 잃고 공격을 하게 된 이유는, 못나고 못된 어른들이 준 회복하기 힘든 상처에서 비롯되었다. 아이가 단순히 자기 제어를 못해서라고 비난의 화살을 받다 보면 어느 순간 또 비슷한 일이 발생할 때, 너무 참기 힘들어지는 순간 '어차피 난 그런 아이니까. 걸레 같은 년, 자기 제어도 못 하는 년. 그러니까 될 대로 돼라지' 하며 극한까지 갈 수 있다.

하지만 상담하면서 내면 탐구의 과정을 거쳐 아이가 그런 행동을 하기까지 일련의 사건들, 어릴 때부터 자신의 경험들을 진술하게 풀어 나가는 과정에서 자신에게 주어진 낙인을 극복하고 비로소 스스로를 이해해간다. 자신의 상처와 그로 인한 삐뚤어진 대처 방식을 깨닫게 되는 것이다.

집단 폭행의 이유를 '후배를 길들인다'는 것, 여기에만 초점을 두게 되면 대개 '아무리 그래도 후배를 죽여?' '세상이 어찌 돌아가는 건지. 말세다, 말세!' '정말 개념이 없는 아이들이네' 하고 혀를 차며 개탄하면서 끝나고 말았을 것이다. 그러나 "걸레 같은 년"이라는 말 속에 들어 있는 아이의 감당할 수 없는 상처를 이해한다면 비난만 할 수는 없지 않을까. 아버지와 사장의 폭력, 영혼의 짓밟힘 속에서 이렇게 살아남은 것이 그나마 다행이라는 생각이 들 정도였다.

나와 상담을 하고 얼마 지나지 않아 아이의 소년원 재소 경험을 알게 된 어린이집 원장이 일을 그만두게 했다. 아이는 마트에서 아르바이트를 하기 시작했다. 엄마를 닮아서인지 어떤 상황에서도 꿋꿋하게 생계를 이어가기 위해 노력하는 모습이 대견하고 안쓰러웠다. 이 아이는 분명 가해자지만, 오랫동안 피해자로 살아왔다는 것을 먼저 이해해야 할 것이다.

참고로 오카모토가 제시한 가해학생에 대한 개입 과정을 정리해 본다. 가해학생을 반성에 이르게 하는 과정이 훈계나 섣부른 초보 상담으로 오히려 원망을 강화하거나 합리화를 하는 그릇된 반성이 되지 않도록 하는 것이 중요하기 때문이다.

가해학생에 대한 개입 과정

❶ 친구를 괴롭힌 배경을 함께 찾아본다

가해학생과 비슷한 상황의 학생이 쓴 글 보여 주기

❷ 도입과 원인을 파악하는 질문을 던진다

"글을 읽으며 어떤 생각이 드는가? 왜 이 아이는 친구를 괴롭혔을까?"

"여러분이 이 학생의 입장이라면 어떻게 할 것인가?"

"이 아이가 괴롭힘을 멈추려면 어떻게 해야 할까?"

❸ 내면화하게 한다

"이와 비슷한 감정을 느껴 본 적 있는가?"

❹ 공감하게 한다

"이야기를 읽으니 나와 비슷한 마음이네요" 하면서 서로 비슷한 고민이
있음을 공감하기

❺ 직면하게 한다

"남과 쉽게 친해지는 사람에게 질투를 느끼고 괴롭히고 싶은 욕구가 생
기는 마음 이면에는 '나는 남과 쉽게 어울리지 못한다. 그런데 저 아이
는……' 하는 괴로움이 존재한단다. 결국 다른 사람들처럼 너도 사랑받
고, 인정받고 싶은 마음이 뿌리 깊이 존재했던 거지."

❻ 교사도 자기를 노출한다

"나도 그런 사람을 보면 부러울 때가 있어. 그 사람처럼 나도 남의 기분
을 잘 맞춰 주고 남들의 주목을 받고 싶은데, 마음대로 잘 안 되니까 화
가 나는 건지도 몰라."

❼ 제안한다

"사람은 누구나 주목받고 싶은 마음, 사랑받고 싶은 마음이 있다는 건 이
제 이해하는 것 같구나. 하지만 그 마음을 충족시키기 위한 방법은 여러
가지란다. 그리고 그 방법에는 나에게 이로운 것과 결국 나에게 해롭고
나를 파괴시키는 것이 있지. 사랑받고 싶은 마음을 솔직하게 표현하려면
어떻게 해야 할지 같이 생각해 보자."

괴롭히는 아이의 심리를 생각해 보는 수업은 기본적으로 '학생들
이 느끼는 스트레스와 인정, 사랑받고 싶은데 솔직하게 표현하지 못하
는 현실'을 제시하는 것에서 시작한다. 그리고 "사람은 누구나 외로움

과 스트레스를 느낄 때 약자에게 화살을 돌리려는 심리가 있어요. 그러니까 외롭거나 스트레스가 쌓이면 그대로 두지 말고 누군가에게 고민을 속 시원히 털어놓아야 합니다. 안 그러면 엉뚱한 방향으로 그 울분이 쏟아져서 또 다른 피해자를 만들고 어느덧 나는 가해자로 또 괴로움을 당하게 되는 거예요" 하는 식으로 학교폭력이 발생하고 강화되는 경로를 알려 주는 것이 필요하다.

사람은 누구나 약한 존재이므로 내가 걸림돌에 걸렸을 때는 타인에게 도움을 받으며 극복해야 한다는 것을 강조하는 학교폭력 근절 교육은, 결국 가해학생도 전문적인 상담이 절실히 필요하다는 것을 뜻한다. 물론 피해학생이 가장 큰 돌봄과 개입의 대상이 되어야 한다. 그러나 또 다른 피해학생이 생기지 않도록 하기 위해서는 아이들 마음의 울분을 풀어 주는 전문적인 시스템이 필요하다. 가해학생의 심리를 먼저 생각하고, 그들의 원망과 삶의 질곡을 읽어 준다. 자기 마음과 행동을 충분히 바라볼 수 있게 되면 진심 어린 사과나 반성이 가능하게 된다.

진정 강한 사람은 자신을 솔직하게 드러낼 수 있는 사람이다. 이런 심리적인 강도를 높여 주는 활동은 자신의 행동에 대한 이해, 나아가 자기 자신에 대한 이해에서 시작되고, 자신이 처한 상황을 스스로 통제하고 다시 일어날 수 있는 힘을 길러 준다. 그러면서 비로소 자신의 잘못된 표현 때문에 상처받은 피해학생들에게 죄의식을 느끼고 반성도 하게 되는 것이다. 결국 피해학생에 대한 개입과 마찬가지로 가해학생들도 자신의 상황을 긍정적으로 바꾸고 일어설 수 있는 진정한 자기 성찰과 회복탄력성을 길러 주는 것이 중요하다.

썩은 사과는
누가 만들었는가

학창 시절 어떤 선생님이 했던 이야기가 떠오른다. 그리고 내가 심각하게 받아들였던 그 말을 신규 교사 시절에 내 입으로, 내가 가르치는 아이들에게 화가 난 상태에서 내뱉기도 했다. 부끄러운 일이지만 말이다.

"학급 분위기를 흐리는 녀석들은 진작에 바로잡아야 해. 썩은 사과 같은 존재들이지. 사과 상자에 썩은 사과가 있을 때 그 사과를 빨리 골라내야 해. 안 그러면 다른 사과까지 썩거든."

학급 분위기를 흐리거나 문제 행동을 일삼는 아이들을 썩은 사과에 비유하며 다른 사과들을 위해서 얼른 골라내버려야 한다는 이야기를 들으며 아이들은 어떤 생각을 했을까? 내가 학창 시절에 그 말을 들었을 때는 혹시나 내가 썩은 사과인가 걱정스러웠고, 내가 썩은 사과가 되면 안 된다는 생각에 불안했으며, 우리 반에 썩은 사과들이 누구일까 내심 친구 몇 명을 떠올리며 나는 그 정도는 아니라고 스스로를 위로했다. 그러면서도 왠지 우울했다. 썩은 사과가 뭘까 생각하며, 선생님이 우리를 그렇게 본다는 것이 억울했다. 그런 마음을 경험하고도 나는 그 선생님이 했던 말을 내 입으로 비슷하게 아이들에게 내뱉고 만 것이다.

최근 몇 년 사이에 특히 여학생들 사이에서 참담한 집단 폭행 사건들이 일어나고 있다. 남학생들처럼 주먹질을 하며 치고받고 싸우거나, 다리 밑이나 옥상에서 후배들을 얼차려시키고 야구방망이로 때리거나 하는 수준을 넘어섰다. 옷을 벗긴 다음 쓰러뜨려 놓고 마구 짓밟고 때리며 피투성이로 만든다. 더 잔인한 것은 자신들이 저지른 일을 자랑처럼 동영상으로 촬영을 하고 소셜미디어에 올리기까지 한다. 남학생들 사이에서도 성추행을 하는 장면들, 사정없이 폭행하는 과정을 여과 없이 촬영하고 퍼뜨린다. 내가 이렇게 강한 사람이고 힘 있는 사람이라는 것을 보여 주고 싶은 일부 청소년들의 그릇된 '과잉 자의식'이 빚어낸 결과다.

이런 사건이 반복될 때마다 공분을 사고, 더구나 자식 가진 사람으로서 어찌 그럴 수 있는지 참담한 심정이 들면서 두려움에 빠진다. 청소년들의 잔인한 폭력 사건이 반복되면서 분노와 두려움에 빠진 사람들이 〈소년법〉을 개정하거나 폐지하자는 의견들을 청와대 국민청원에까지 올리기도 했다. 갈수록 연령이 낮아지는 범죄 발생률에 맞게 〈소년법〉을 바꾸거나 아예 없애서 어른과 같은 형벌을 받게 해야 한다는 것이다. 사리분별이 분명한 아이들의 범죄를 나이 때문에 처벌하지 않는 것은 부당하고, 또 이를 악용하는 아이들도 있기 때문에 정의가 바로 서지 못하며 솜방망이 처벌 속에 심각한 피해를 입는 학생들이 늘고 있다는 우려에서다. 나도 부산, 인천에서 일어난 사건들을 보면서 분노가 일어 이 청원에 동감했다. 그러나 가만히 생각해 보면 이것도 일종의 썩은 사과 이론이다. 나쁜 사과들을 얼른 골라내 다른 사과들을 지키자는 것이다. 언뜻 맞는 이야기다. 전염병은 하루라도 신속히 막는 것이 최선인 것처럼 말이다.

하지만 썩은 사과가 왜 발생했는가, 썩은 사과를 누가 만들었는가를 깊이 생각할 필요가 있다. 그리고 과연 이 썩은 사과로 분류된 아이들을 격리시키고 가두어 놓고 반성하게 하면 변화가 될 것인지 진지하게 고민해 볼 문제다.

내가 어느 강의에서 들은 이야기를 적어 본다.

1997년 우리나라는 IMF 사태에 빠졌다. 기업이 잇달아 도산하면서 외환보유액이 급감했고, 나라가 도산할 수 없으니 국제금융기구인 IMF에 20억 달러의 긴급 융자를 요청했다. 'IMF구제금융요청'이 정식 명칭이다. 여하튼 1997년 12월 양해각서를 채결하면서 회사들의 경영 위기, 부도, 대량 해고와 경기 악화로 온 국민이 어려움을 겪었다. 2001년 8월이 되어서야 IMF 관리 체제가 종료되었다.

많은 가장들이 부도가 나고 실직을 하는 상황에서 가정이 온전할 리 없었다. 이때 태어난 아이들이나 유아기를 지낸 아이들은 다른 시기보다 온전한 돌봄을 받지 못한 아이들이 많았을 것이다. 이 아이들이 한창 학교에 입학해 청소년 시기를 맞는 2000년 초반 학교폭력에 대한 이야기가 크게 대두되기 시작했다. 가장 충격이었던 사건은 대구 중학생 자살 사건이다. 이 사건은 2011년에 발생했다. IMF 금융위기 후 14년이 흐른 뒤 중·고등학생이 된 이 아이들(IMF 당시 한 살에서 네 살 이었던 아이들이다) 사이에서 유난히 학교폭력 사건이 이슈로 떠오른 것은 의미심장하다. 2014년, 이들이 군대를 가기 시작하는 해에 군대 폭행 사건인 '윤일병 사건'이 터졌다. 선임병 네 명과 초급 간부가 윤일병에게 지속해서 폭행, 성 고문을 하다가 살인을 저지른 사건이다. 이 폭행, 살인자들은 유아기 때 IMF를 겪었다. 결국 국가 경제가 몰락하면서 가정의 경제적 파탄에 이은 가정의 해체는 가정폭력과 학교폭력, 군대 폭력으로 이어졌다. 더 나아가 몇 년 후에는 직장 내 폭력으로 왕따를 당하다가 퇴사한 사원의 '묻지 마 살인'까지 계속 이어졌다.

우리나라가 겪은 일련의 경제 위기는 고스란히 가정의 위기로 이어지고 이들이 자라서 학교폭력을 부각시킨 사건들이 일어났으며, 군대에서는 잔인한 군대폭력으로 또 사회에 나가서는 직장폭력으로 이어지게 된 것이다. 결국 학교폭력은 학교폭력만의 이야기가 아니라는 말이다. 이들이 자라 온 환경이라는 토양과 사회적 배경이 고스란히 이들에게 전해진 것이다. 가정의 위기로 아이들은 방임되거나 방치될 가능성이 컸고 심리적으로 불안하게 자라났다. 이것이 학교폭력, 군대폭력, 직장폭력으로 이어지는 것은 그만큼 가정이라는 울타리의 해체가 얼마나 위험한지를 보여 준다. 가정이 무너지는 것은 학교, 군대, 직장의 울타리들을 위협하는 폭력의 연결 고리가 되는 것이다.

결국 썩은 사과는 사과 자체가 나빠서가 아니라 그들이 제대로 된 토양과 햇빛, 물, 비료, 보살핌을 못 받아서 그렇게 되었을 수도 있다는 것이다. 이들의 문제만이 아닐 텐데, 이제까지 우리는 인성을 탓하면서 이들의 도덕성만을 비난해 왔던 것은 아닐까?

개인은 태어났을 때 사회 구성원들과 서로 연결되어 있다. 혼자 오롯이 바르게 자라기는 너무나 어렵다. 한 아이를 제대로 키우려면 온 마을이 협심해서 함께 보살피고 교육해야 한다는 말을 심심찮게 들어 왔다. 학교폭력이 유난히 기승을 부렸던 시기, 그것이 여전히 끝나지 않고 사회로 퍼지고 있는 사회 현상은 결국 학교폭력은 학교만의 문제가 아니라는 것을 보여 준다. 그것을 알면서도 사건의 한 단면만 보고 '학교폭력'이라고 판단해 학교 내에서만 해결하고자 하는 것은 편협하고 비효과적인 개입이 될 수 있다. 그러기엔 덩치가 너무 큰 사건들이다.

아이들은 사회 속에서 사회를 보고 자란다. 우리 사회가 아이들에게 과연 배움을 주는 사회인지 자문해 본다. 청소년들의 게임 중독, 음란물 중독, 채팅 중독 들에 대해 고민하면서도 게임 수요자의 주 타깃을 '학생'에 두고 상업적으로 주요 고객으로 이용하고 있다. 이 덕분에 세계 10대 IT 게임강국이 된 지 이미 오래되었다. 모든 미디어들이 아무렇지도 않게 19금 이상의 사건들을 여과도 없이 뉴스로 내보내고 인터넷 포털 사이트에 올린다. 드라마, 영화, 웹툰에서도 선정적이고 폭력적인 장면들이 쏟아져 나온다. 참으로 요란하게 들썩이며 청소년들을 끌어들이고 있다. 이런 토양이 무엇을 가져다줄 것인가? 최근 들어

부쩍 성(性)과 관련된 학교폭력 사건들이 많아지고 있다는 것도 그 전조 증상이 아닌가 싶어 적잖이 당황스럽고 두렵기까지 하다. 인천에서 엽기적인 초등학생 살인 사건이 일어난 것도 이런 사회적 토양의 결과가 아닐까 싶다. 집에서만 칩거하던 시리우스 계열의 캐릭터 커뮤니티에 빠진 10대 후반의 두 여자아이가 저지른 만행은 그들의 정신적인 문제로만 결론지을 수 없다. 기질상 반사회적 성격 장애의 요소가 다분할 수도 있겠지만, 인터넷에서 다양한 관찰 학습과 모방 학습을 통해 더욱 강화된 것일 수 있다. 사회적 토양은 이런 '잔인한 사과'들을 만들어 냈고 지금도 만들어 내고 있다. 이제는 1인 방송 들로 학생들 스스로가 잔인한 사과를 만들고 있다는 것이 문제가 되고 있지만 말이다.

믿고 싶지 않은 이야기

보호관찰소에서 만난 아이들이 말하는 믿거나 말거나 한 사실을 말하겠다. 한 학생의 기소 내용을 보며 상담을 한 적이 있었다. 아이는 가만히 있다가, "선생님, 우리만 나쁜 거 아니에요. 짭새들이 저희보다 더 협박, 공갈 잘 쳐요" 한다.

"에이 짭새가 뭐냐⋯⋯. 그런데 뭐? 뭔 말이지?"

"제가 폭행 하나만 했거든요. 다리 밑에서 아이들한테 엎드려뻗쳐 시키고 방망이 휘두르다가 신고로 잡힌 건데요. 사실 도둑질은 안 했거든요."

"그런데?"

"그런데 조사하던 경찰이 그러는 거예요. 형량을 낮게 받게 해 줄 테니까 다른 사건 몇 개도 제가 한 걸로 자백하라구요. 제 친구는 큰 거 빼고 작은 거 여러 개 한 거 꾸며서 진술하라고 해서 그렇게 했는데, 나중에 보니까 큰 거 그대로 있고 하지 않은 작은 일까지 뒤집어썼어요."

"에이, 설마……."

"선생님은 안 믿는구나. 우리만 나쁜 게 아니에요. 짭새들 중에 썩은 사람들도 많아요."

"그래…… 하지만 네가 폭행을 한 건 맞지 않니?"

"그렇죠. 하지만 하지 않은 일까지 뒤집어쓰라고 사정하는데, 안 들어주면 무거운 벌 받게 하겠다고 협박해서 그것까지 붙어가니까 정말 제가 나쁜 놈이 되더라구요, 상습범. 그래서 억울해요, 정말로."

"그렇구나, 네가 어떤 말을 하는지 알겠어. 네 억울함 이해가 된다. 그런 일을 겪으니 네가 사회의 어른들을 못 믿는 마음도 충분히 이해가 된다. 하지만 애초에 네가 그런 일을 하지 않았다면 이런 억울한 일도 안 당했을 텐데……."

"그렇긴 해요."

"다시는 나 같은 상담자 만나지 않았으면 좋겠다. 보호관찰도 이번까지만 받고."

"저도 그러고 싶어요."

이런 이야기를 나눈 것이 3년간 몇 번 된다. 특히 남자아이들과 상담할 때 어느 정도 신뢰가 생기면 신세 한탄을 하면서 이런 믿기 힘든 말들을 한다. 그때가 1998년에서 2001년 사이니까 지금은 많이 달라졌을 것이다. 처음에는 반신반의했다. 그런데 최근 드라마에서 경찰들이 계속 밀려드는 사건들을 처리하느라 애쓰고 스트레스받는 장면들을 보면서 상담했던 아이들의 말이 문득 떠올랐다. 밀려드는 사건 중에서 작은 건이라도 마무리하기 위해 한 사람에게 사건을 뒤집어쓰고 들어가라고 권하는 유혹을 받을 수도 있겠다 싶었다. 나도 일이 끝나기도 전에 또 다른 일들이 쌓이면서 정신이 혼미할 지경이었던 경험을 몇 차례 겪다 보니, 그럴 수도 있겠다 싶었던 것이다. 그러나 아이들은 자신의 처지에서 그런 제안을 받으면서 사회의 부조리함을 알게 되고, 사회에 대한 불신과 원한을 쌓아갈 수밖에 없었을 것이다.

결국 썩은 사과는 우리 사회가 만들어 낸 것일 수 있다. 가정이, 지역이, 사회 전체가 사과나무의 열매를 썩게 만들고 있는지도 모른다.

썩은 사과 이론이 사과만의 문제가 아니라는 것을 내 경험에서 찾으면서 마음이 불편해진다. 정의로운 아이들을 기르고 싶으면 우리 사회가 정의로워야 함을, 그래야만 우리가 원하는 멋진 사과나무가 자라고 아름다운 열매가 열린다는 것을 새삼 생각하게 된다.

▼
♥
●

방관자
이야기

상처받거나
폭력성을 드러내거나

방관자들이 학교폭력 해결의 열쇠라고 한다. 오래전부터 집단 괴롭힘을 연구해 온 북유럽 국가들이 내놓은 결과다. 가해자에 대해서 주변 사람들이 어떤 반응을 보이느냐, 또 피해자에 대해서 주변 사람들이 어떤 반응과 도움을 주느냐에 따라 그 집단의 분위기, 더 나아가 괴롭힘 사건이 발생하는 빈도는 달라진다.

학급에서 괴롭힘 사건이 발생할 때 방관하는 학생들은 여러 모습을 띤다.

'아, 저러면 안 되는데, 선생님들은 뭐하는 거야? 신고함에 알릴까? 그러다 밝혀지면…… 나도 저렇게 당하면 어쩌지? 쟤 다음에 나 아닐까? 학교 오기 싫다'라고 생각하면서 무기력하게 바라보며 불안에 떠는 아이들이 있다. 섣불리 도와주었다가 나도 당할까 봐 두려워서 숨죽이며 지켜보는 아이들은 어쩌면 방관자지만 죄책감과 불안감 속에서 심리적인 상처를 입고 있는 피해자이기도 하다. 이런 학생들을 '무기력한 방관자'라고 할 수 있다.

그러나 방관자들 중에는 괴롭힘의 상황을 즐기는 아이들도 있다. 괴롭힘에 개입하지는 않지만 보면서 웃어 주거나 "아이 씨, 시끄러워. 소리만 요란하네. 그 정도 가지고 되겠어? 나가서 끝장을 내던가" 하며 도발하는 아이들이다. 적극적으로 공격자를 도와주는 추종자보다는 덜하지만, 방관자이면서도 폭력을 부추기는 '선동자'라고 할 수 있다.

이렇게 선동하거나 무기력한 방관자 뒤에는 다행히 가해학생들의 공격적인 행동을 완화시키려고 노력하는 아이들도 있다. "너, 선생님 이나 부모님에게 말했어? 아까 그 자식들 정말 너무하네" 하고 위로하면서 가해자들이 없을 때 친구가 되어 주려는 아이, "선생님, 우리 반 단합대회 안 하나요?" 하며 학급 분위기를 좋게 만들어 따돌림당하는 아이가 없게 하려고 나름 제안하는 아이도 있다. '완화자'들이다.

"야, 그만해. 폭력은 안 되잖아. 너희들이 하는 짓 선생님이 알고 우리 모두 보고 있어. 우리는 신고할 의무가 있어"라며 적극적으로 괴롭힘을 막으려는 '문제 해결자'도 있다.

어른들은 아이들이 완화자나 문제 해결자가 되기를 원하겠지만, 이런 용기를 갖게 하려면 학교의 분위기 자체가 정의롭고 서로를 존중하는 풍토가 조성되어 있어야 한다. 나아가 정의로운 것이 무엇이며 어떻게 해야 하는지를 구체적으로 가르치지 않으면, 또 교사가 보여 주지 않으면, 무엇보다 '선생님은 우리를 지켜 주실 거야' '선생님은 잘 해결해 주셔'라는 교사에 대한 믿음이 없으면 불가능하다.

이렇게 다양한 색깔의 방관자 아이들이 어떤 모습으로든 상처 입게 되는 순간은 큰 학교폭력 사건이 발생했을 때다.

검게 그려진 아이들

이제는 세월이 많이 지났으니 이야기를 꺼내도 될 것 같다. 언젠가 그 일을 겪은 선생님을 우연히 만났는데, 그 선생님은 나를 기억하지 못했다. 아는 척을 해야 할까 고민했는데, 모른 척해 주는 것이 좋겠다 싶어 처음 만난 사람처럼 대한 적이 있다. 다만, 잘 지내고 있는 것 같아서 다행이라 생각했다.

학교폭력을 담당하던 어느 날, 6학년에서 사건이 터졌다. 평소에 친구들에게 냄새난다며 놀림을 받던 아이(재범)가 교과 전담 교사가 가르치는 영어 시간에 종이를 오리던 커터 칼로 앞에 앉은 친구를 내리찍은 사건이었다. 아주 더운 날씨였고, 교실은 선풍기로 간신히 버티고 있었다. 수업 활동으로 쓸 카드를 오리는데 선풍기 바람에 카드들이 날아가자 아이들의 짜증이 한껏 올라온 상태였다. 몇몇 사악한(?) 아이들은 짜증을 풀 대상을 찾기 시작했고 땀을 흘리며 묵묵히 카드를 자르는 재범이를 보고 "아, 냄새" "썩은 냄새" "돼지비계 냄새"라는 말을 던지며 도발했다. 재범이는 그만하라는 신호를 보내는 듯 불안하게 주변을 둘러보았다. 그때 "썩은 냄새 나는 것들은 사라져야 해"라는 누군가의 말과 동시에 재범이가 벌떡 일어났다. 그러고는 순식간에 앞에 앉아 있는 아이를 칼로 내리찍었다. 교실은 아수라장이 되었고, 천만다행으로 칼은 아이의 목덜미를 비껴 책상에 꽂혔다.

그때만 해도 지금처럼 학교폭력과 관련된 어떤 매뉴얼도 없고 서류 양식조차 배부되지 않았을 때였다. 간신히 조사가 이루어지고 기간제인 교과 전담 교사 대신에 담임교사가 가해학생 학부모, 같은 학년 남선생과 함께 피해학생(4대 독자였다) 집에 가서 사과를 했다. 그러나 만나 주지 않아서 하염없이 밖에서 기다리기를 반복했다. 학교폭력위원회에서 영어 선생은 가해자가 된 아이도 제자인지라 큰 처벌을 받을까 걱정되어 칼날이 없는 상태에서 내리찍었다고 진술했다. 그 덕분일까. 재범이는 출석정지 조치를 받고 학교에서 연결한 전문 상담 치료를 받게 되었다.

그리고 몇 달 후 과학 시간(역시 교과 전담 시간이었다), 우연히 싸움이 일어났는데 징계를 받았던 재범이가 같이 싸운 아이의 코를 주먹으로 때려서 피를 보는 사건이 발생했다. 그 일이 일어나기 전에 점검 차원에서 재범이를 한두 번 만났는데, 아무 일도 일어나지 않은 것처럼 이야기하고 즐거워해서 걱정스레 물어본 적이 있었다.

"학교생활이 즐거운 것 같아서 다행인데…… 왜 이렇게 흥분해 있어? 기분이 너무 높아져 있네?"

전문가와 세 번째 상담을 받은 상태인데도 뭔가 불안하다는 내 예감은 틀리지 않았다.

담임선생님은 종례를 마치고 재범이를 불러 다그치듯 물었다. "왜 그랬어? 지금 어떤 상황인데, 또 이렇게 일을 저지르면 어떡해? 왜 그랬는지 말해, 응?" 하며 울먹이듯 말했다. 재범이가 말없이 고개만 숙이고 있어서 답답한 마음에 "말을 해 보라니까" 하고 다그치면서 옆에 있던 지시봉으로 팔을 건드렸다. 그러자 재범이가 갑자기 고개를 들더니 "나쁜 새끼"라고 내뱉으며 담임선생님의 얼굴을 때리기 시작했다. 선생은 자기보다 덩치 큰 남학생에게 속수무책 당할 수밖에 없었다.

교실에는 청소하는 아이들, 친구를 기다리는 아이들이 남아 있었다. 아이들은 소리를 지르며 하지 말라며 울부짖었고, 몇몇은 옆 반 선생님을 데려왔다. 상황은 종료되었다. 생전 처음 보는 사태에 모두들 당황스러움과 분노에 빠졌다. 선생님은 입술이 찢어져 꿰매야 했고 신경정신치료과에 입원까지 하게 되었다. '병가' 처리를 위해 진단서를 받아 오라는 교감 선생님의 부탁으로 병원을 찾았다. 선생님의 얼굴을 보니 차마 진단서 얘기를 꺼낼 수 없었다. 늘 밝고 아이들과 함께하려던 마음 따뜻한 선생님이 이런 지경에까지 이르다니 안쓰럽기만 했다. 그런데 선생님이 기분이 너무 고양된 듯해서 이상했다.

"선생님, 지금…… 기분이 업이 되신 것 같아요."

"사실은 너무 괴로워서 의사가 준 약 2회분을 한꺼번에 먹었어요."

선생님의 얼굴보다 몇백 배 만신창이가 된 마음이 보였다.

"선생님, 아이들이 선생님 걱정 많이 하고 기다리고 있어요."

힘을 주고자 하는 내 말에 선생님은 웃는가 싶더니 갑자기 눈물이 쏟아지듯 떨어졌다.

"아이들이요? 저는 어떤 아이도 보고 싶지 않아요."

담임선생님을 만나기 전에 사안을 조사하기 위해 반 아이들을 찾아 동적 학교생활 검사(KSD)를 했다. 학교생활을 그림으로 그리고 설명을 쓰라고 했다. 서로 영향을 줄까 봐 책상 사이를 벌리고 가림판까지 세웠다. 아이들의 그림은, 내가 그때 그 장면을 그리라고 말하지 않아도 고스란히 그 상황을 그리고 있었다. 더군다나 아이들 대부분이 자신이나 친구들을 모두 검게 그렸고, 눈물을 흘리거나 뭉크의 〈절규〉처럼 표현해 놓았다. 교사를 폭행한 재범이는 더 진하게 그렸고 수도 없이 많은 가위표를 쳐 놓았다. 장면을 설명하는 곳곳에 재범이에 대한 원망이 가득했고, 이 세상에서 사라져버렸으면 좋겠다는 말까지 써 있었다. 어떤 아이는 그림을 그리고 전부 까맣게 칠해 놓았다. 그림들을 하나하나 보면서 마음이 무거워지다 못해 주저앉는 느낌을 받았다. 가장 큰 피해를 입은 사람은 교사지만, 이것을 지켜본 이 아이들도 심각한 상처를 입었겠다는 생각이 들었다.

　이 학급의 분위기는 좋은 편이었다. 담임선생님은 매달 케이크를 사 와서 같이 생일 파티를 할 정도로 아이들과 함께하고 소통하는 교사였다. 제2의 부모처럼 자신을 지켜 주는 어른으로 여겨 온 교사가 폭행당하는 장면은 부모가 맞는 것만큼이나 충격이었을 것이고, 그 고통이 그림에 고스란히 드러난 것이다. 내가 지금도 피해를 입거나 지켜본 아이들을 먼저 생각하게 되는 것도 이 경험에서 비롯된 것 같다.

　하지만 이러한 아이들의 상처는 안쓰럽게 느껴지는 행동으로만 나타나지는 않는다. 이 사건이 일파만파로 커지고 뒤숭숭한 사이, 어떤 선생이 복도를 가고 있는데 한 학생이 막대기를 들고 지나가더란다. 위험해 보여서 제지하려고 선생이 학생을 불러 세운 순간 학생이 한마디 했다 한다.

"왜요? 선생님도 맞을까 봐 무섭지요?"

선생은 아이의 능글거리는 웃음에 어이가 없어 순간 말문이 막혔다고 했다. 큰소리로 한마디 하고 막대기를 빼앗고 보냈다며 힘들어했다. 이런 상처가 누군가에게는 충격적인 경험으로 마음에 생채기를 내지만 누군가에게는 숨겨진 공격성을 부추기는 빌미가 된다. '교사도 공격할 수 있다, 그 경계를 깨며 내가 학교에서 보이지 않는 센 놈이 될 수 있다'는 허황된 꿈을 꾸는 것이다. 아이들의 잔인함이 올라온 것일 수도 있지만, 어쩌면 이 세상에 자신을 보호해 줄 권위 있는 어른이 없다는 깊은 좌절에 대한 반동 작용일 수도 있다는 생각이 든다.

교사는 아이가 접하는 첫 번째 사회적 어른이다. 사회 속 성인의 표준이다. 부모와 경험하는 애착이 개인의 기본 성격과 심리적 건강을 결정하는 것이라면, 교사와의 경험은 일종의 '사회적 애착'으로 사회에 대한 기본적인 신뢰와 정의를 배우는 중요한 과정이다.

인간의 성격 발달 8단계를 제시한 에릭슨(Erik H. Erikson)도 특히 청소년 시기에 이루어야 하는 과업으로 '정체성'과 더불어 '사회적 성실성'을 제시한다. 사회의 한 구성원으로서 사회의 올바른 가치관, 신념을 내면화하면서 사회에 대한 충성심이 자라는 중요한 시기다. 내가 누구이고 사회 속에서 나는 누구이며, 어떤 일을 하며 어떻게 살아가야 하는지 어렴풋하나마 생각을 하는 이때, 사회적인 롤 모델을 만나거나 주변 어른들이 하는 행동들, 태도, 가치관을 보며 내면화하기 시작하는 것이다.

이런 중요한 발달 과업을 이루어야 하는 청소년들의 특성은 상당히 이상적이다. 이런 이상주의로 인해 '어른이라면 이래야 한다'는 비판 의식으로 사회를 바라보며, 여기서 어긋날 경우 아주 비판적인 태도가 되면서 실망, 좌절, 우울감을 경험할 수도 있다. 어쩌면 이상주의가 있기에 가장 순수하고 가장 아름다운 시기일지도 모르겠다.

그러나 이런 이상주의가 냉소주의로 바뀌면서 생각 없는 행동과 말로 반항심을 표출하기도 한다. 텅 빈 가치관, 텅 빈 의식으로 자신을 내려놓은 채 자극적인 글과 영상으로 사람들의 관심을 끌어내는 데만 탐닉하기도 한다. 우리 사회의 슬픈 한 단면인 '일베(일간베스트)' 사이트에서 활동하는 청소년들이 대표적이다. 어쩌면 사회에 대한 냉소주의, 반역사주의, 탈정치주의, 여성 비하 같은 경향이 청소년의 이상주의 성향에서 비롯된 좌절과 '상상 속의 청중'이라는 불완전한 자의식의 발달로 뒤범벅된 혼돈의 상황에서 만들어진 것이 아닐지 조심스레 생각해 본다. 이러한 극단적인 경향을 막을 수 있는 사회의 대표적인 어른이 바로 교사일 것이다.

그러나 교사도 사람이다. 다양한 학생, 그 뒤의 학부모들, 동료 교사들 등 다양한 성격과 환경을 가진 사람들을 만나다 보니 자잘한 스트레스가 쌓일 수밖에 없다. 이런 자잘한 상황과 큰 상황 하나하나가 물결처럼 반복되면서 교사는 소진된다. 그래서 '훈장님 똥은 개도 안 먹는다'는 말도 나오는 것이리라.

그럼에도, 교사는 등대와 같은 존재가 되어야 한다. 바람 부는 바다를 항해하는 아이들을 위해 파도를 싹 없애거나 바람을 잠재울 수는 없다. 신이 아니니까. 하지만 어두운 바다에서 불안하게 항해를 시작하는 아이들에게 굳건하게 빛을 내주며 방향을 알려 주는 등대가 될 수는 있다. 새로운 세계를 향해 가는 아이들의 항해, 깜깜한 바다에서 헤매는 아이들에게 한 점 빛을 전해 줄 수 있는 유일한 존재일지도 모른다.《가르칠 수 있는 용기》를 쓴 파머(Parker J. Palmer) 박사는 말한다. 전문가(professional)란 'profession of faith' 곧, 절망스런 세상 속에서 믿음의 서약을 한 사람들이라고 말이다. '역시 아이들은 어쩔 수 없어'라거나 '모두 그렇게 살지, 뭐' 하는 두려움과 회피하려는 마음을 물리치고, 우리 교사들이 올바른 것에 용기 내어 아이들에게 최선을 다하는 삶의 실천자가 되어야 할 것이다. 두려움 가득한 학교폭력 사안에서는 교사가 더욱 반전문가가 되기 쉽다. 이때 교사도 사회의 지지와 더불어 함께하는 동료가 있다면 그나마 덜 두렵고 정의와 회복을 위해 좀 더 용기를 낼 수 있을 텐데, 하는 안타까움이 든다.

왜 아이들은
방관하는가

"너희들은 친구들이 당하는데 어쩜 그럴 수 있니?"

학교폭력 사안이 터졌을 때 방관한 아이들에게 교사들이 원망과 실망의 감정을 담아 하는 대표적인 표현이다. 친구들이 당하는 것을 보고 아이들이 정의감을 발휘해 친구를 보호해 주거나 그것이 어려우면 교사에게 빨리 알리기라도 했어야 하는데, 왜 그것을 못 했는지 안타까운 마음에 하는 하소연일 것이다.

어른들은 말한다. 아이들의 공감 능력이 부족해서 괴롭히고, 공감 능력이 부족해서 반 친구가 그렇게 당하는 것을 보고도 침묵한다고 말이다. 물론 공감 능력이 부족해서 지속적으로 가해를 하는 아이들이 있을 수 있다. 그리고 학급 분위기가 좋지 않아서 서로에게 관심이 없고, 타인의 일에 관여하는 것을 달가워하지 않는 아이들도 있다. 그러나 대부분의 아이들은 그렇지 않다. 아이들은 모두 처음에는 괴롭힘을 당하는 친구를 보면 놀라고 당황한다. 그런데 왜 바로 신고를 못 할까? 더 나아가 왜 그런 상황을 방관하는 것일까?

사실 많은 신호가 있었을 것이다. 아이들 사이에서 풍겨 나오는 어색한 분위기, 무거운 분위기, 침묵, 뭔가 석연치 않은 눈빛과 같은 비언어적인 메시지도 있었을 것이다. 교과 활동 시간에 모둠 활동에서 유난히 어울리지 못하는 모습, 늘 혼자서 책을 읽고 있는 모습, 점심시간이나 쉬는 시간에 교무실 근처를 배회하다가 자주 만나는 행동, 화장실을 거의 가지 않는 행동, 수업 중에 말을 하면 아이들이 야유를 보이는 분위기, 분노로 가득 차서 교실의 물건을 파손시키는 행동 들이 구체적인 신호일 수 있다. 또 "선생님, 동현이가 석우 이름을 가지고 자꾸 놀려요" "선생님, 체육 시간에 희수가 영선이를 밀어서 영선이가 다쳤어요" "선생님, 태수가 석훈이 점퍼를 장난친다고 창문 밖으로 던져서 석훈이가 울었어요" "선생님, 아리가 혜연이 머리에 씹던 껌을 붙였어요" 같이 괴롭힘이 감지되는 이야기들을 아이들이 했을 것이다.

이런 정황들을 보며 교사는 감지를 하거나 인지를 했어야 한다. 하지만 안타깝게도 교사들 중에는 밀려오는 업무가 너무 바빠서 '다음에 좀 더 알아보자' 미루거나, '아닐 거야, 설마' 하며 교사 특유의 직감을 부인해버리기도 한다. 심지어 '아이들 사이에 그런 장난쯤은 원래 일어나는 거잖아?' 하며 상황을 축소시켜버린다. 아주 가끔은 감당하기 힘들어서 이 학년이 어서 끝나길 바라며, 아무 일 없는 것처럼 무기력하게 나날을 보내는 교사들도 있을 것이다. 이런 교사의 무책임한 태도가 가끔 큰 사건으로 이어지면서 교사가 인지하고도 방관한 정황이 드러날 때 교사에게 형사상 처벌을 내리는 상황까지 이른다.

문제는 교사가 학생들 간의 괴롭힘에 대한 감지가 무디거나 인지를 했음에도 제대로 대처를 못 할 때 아이들은 불안해하면서 학교를 믿지 못한다는 것이다. 신고하면 보복을 당하거나 피해학생인 경우 더 큰 폭력 상황에 놓일 수 있다는 불안감이 아이들 사이에 있다. 이런 상황에서 교사마저도 평소 괴롭힘을 인식하고, 이에 대한 개입 과정에서 아이들에게 신뢰를 주지 못한다면 신고를 하기는 더욱 어려울 것이다. 당연히 폭력이나 괴롭힘은 더욱 심화되고 감당할 수 없는 사건들로 내달리게 된다. 결국 아이들이 방관을 하게 되는 것은 교사와 학교를 믿지 못하기 때문이다. 학교폭력에 대한 단호한 거부의 태도, 명확한 매뉴얼과 학교폭력 결과 처리의 제시, 서로를 존중하는 태도, 아울러 신고를 받고 학교가 임하는 절차나 태도는 아이들이 학교폭력 상황에서 적극적으로 신고를 하느냐의 여부를 결정하는 요인이 된다.

폭력적인 풍토는 선한 대다수의 아이들에게도 피해를 준다. '감정이입의 패러독스'라는 용어가 있다. 감정이입이 뛰어난 학생들은 정서적인 공감 능력이 뛰어나기 때문에 피해를 당하는 친구들을 보면 그 고통을 느끼면서 도와줄 확률이 높다. 우리가 학생들에게 정서교육 중 하나인 공감교육, 배려의 인성교육을 하는 이유가 이러한 감수성을 높여 공격적인 가해학생들의 행동으로부터 피해학생들을 도와주도록 하자는 취지가 있다.

그러나 어느 선을 넘어버리면 이런 착한 방관자들이 괴로운 상황을 회피하고 피해자와 거리를 두고 싶어 한다고 한다. 환자의 고통에 최선을 다해 노력하던 가장 따뜻하고 열정적인 의사가 제일 먼저 자기 일에 염증을 느끼고 말기 환자들을 피한다는 보고들이 있다. 상처를 입고 아파하는 사람들을 자주 접하다 보면 스트레스를 받고 내 마음이 아프다. 심하면 신체화 장애(뚜렷하게 어디가 아프거나 병이 있지도 않은데 병적 증상을 호소하는 것)가 오거나 몸까지 병으로 앓는 경우도 있다. 그래서 지나치게 우울하거나 불안한 사람들, 힘든 처지에 놓인 사람들을 보면 그 아픔에 깊이 공감해 아파하다가 어느 순간 나도 너무 힘들어져서 피하는 경우가 있다. 피할 수 없으면 감정적으로 차단해서 내 마음에 상처가 나는 것을 방어하려고 하는 것이다. 감정이입, 공감 능력이 뛰어난 학생들이 많은 학교라도 이 아이들이 그런 상황에 반복해서 노출되면 더 이상 도움을 주는 행동도 하지 않고 회피할 수도 있다.

더구나 피해학생을 도울 때 학교가 즉각 적절하게 대처해 폭력 상황이 멈추게 되면 '내가 도왔다. 이 상황이 이제 끝났구나' 하는 안도감과 보람을 느껴 괴롭힘을 막는 '개입자'로서의 행동은 강화된다. 하지만 반복되는 피해 상황에서 신고를 해도 적절한 대처가 없다면 감정적 흥분도 무뎌지고 오히려 고통의 감정을 느끼고 싶지 않아서 피해학생을 피하게 된다. 피해학생은 더더욱 고립되는 것이다. 이들의 감정이입 능력을 통해 학교의 분위기를 긍정적으로 만들기를 원한다면 교사와 학교는 이런 아이들의 착한 성정을 지켜 주기 위해서라도 학교폭력에 눈감지 않고 적극적인 대응 행동을 보여야 할 것이다.

왜 아이들은 방관하는가에 대한 뻔한 결론이지만, 결국 무기력하거나 선동하거나 회피하는 방관자는 학교가 만들어 낸 것이다. 여기에 사회의 분위기마저 정의롭지 못하거나, 부모가 "너는 그런 일에 눈감아라, 다 너를 위해서야"라고 한다면 우리는 정의로운 사회인을 결코 길러 낼 수 없다. 괴롭힘과 폭력의 굴레는 계속될 수밖에 없으며 이러한 괴롭힘은 직장 내 폭력, 사회적 폭력으로 더욱 커지게 된다.

그런 점에서 어찌 보면 학교는 골든타임의 기관일 수 있다. 가정, 지역사회에서 공격성을 갖도록 키워진 학생들이 친절하고 따뜻한 지도 속에서 진정한 자존감을 회복하고, 단호한 훈육을 통해 사회적 정의를 배우도록 할 수 있으니 말이다. 이런 골든타임의 관여자는 단연 교사이며, 그 핵심은 생활교육이다.

생활지도에서
생활교육으로

학교폭력과 관련된 학생들에 대한 이야기를 펼쳐 나가다 보면, 결국 교사의 학급 경영과 생활지도의 중요성으로 귀결된다. 사회적 이슈가 될 만한 커다란 사건이 일어날 때 일부 교사들은 "왜 내가 그걸 몰랐는지 모르겠어요. 그렇게 당하고 있는데 왜 저는 한번도 심각하게 보지 못했을까요? 전혀 몰랐어요"라는 황당한 대답을 하기도 한다. 한편으로는 그렇게 변명할 수밖에 없는 교사의 처지도 이해가 된다. 알면서도 개입하지 못했다는 말보다는 차라리 몰랐다고 하소연하는 편이 나을 것이다.

"아이들이 조금씩 얘기할 때 왜 귀담아듣지 않았는지 모르겠어요. 제가 좀 더 신경을 썼더라면 이렇게까지 되지 않았을 거예요. 업무로 너무 바빴고 아이들 사이에서 그런 일은 자주 일어나는 일이라…… 심각하게 받아들이지 않은 게 큰 실수인 것 같아요"라는 반응도 있다. 모르쇠 반응보다는 솔직하다. 하지만 아이들 사이에서 그런 일은 비일비재하다며 폭력을 민감하게 생각하지 않는다는 것은 문제다.

물론 교사들마다 자라 온 환경, 경험, 받아 왔던 교육이 다르니 폭력에 대한 이해, 인식, 예민성에 차이가 날 수밖에 없다. 그러나 이제 시대가 변했고 우리는 적극적으로 인권을 논의하고 있는 상황이다. 교사 스스로 폭력에 대한 인식 정도를 점검하고, 아이 편에서 그 아픔을 공감하며, 사회적 정의감에 대해서 고민하고 성찰해야 한다. 교사 자신이 폭력에 대해 어떤 생각을 가지고 있는지 말하지 않아도 교사가 평소에 보이는 행동, 태도, 발언 들을 통해 아이들은 고스란히 인지하며 어느덧 교사의 가치관을 닮아가기 때문이다.

이러한 교사의 철학이 반영되는 표면적, 잠재적 생활지도는 처벌식 생활지도, 인과응보식 생활지도에서 문제 해결식 생활지도로, 더나아가 회복적 생활교육을 지향하도록 하고 있다.

처벌식 생활지도의 후유증

이제 처벌식 생활지도가 바람직하지 않다는 것은 누구나 인정한다. 도덕성 발달 단계상 '벌과 복종의 단계'가 있기에 이런 처벌이 효과가 있는 시기가 있는 것을 부인하는 건 아니다. 나 또한 저·중학년의 경우 가끔 이런 방법으로 바른 행동을 할 수 있도록 경고성 벌을 주기도 한다. 이를테면 '생각의자' 같은 것이다.

문제는 손바닥, 엉덩이, 발바닥에서 심하게는 머리나 뺨을 맞는 등 감정이 들어간 폭력성 체벌이 가해질 때다.

내가 초등학교 3학년 때 종례 시간에 담임선생님께 친구들의 잘못을 '신고'하는 시간이 있었다. 어느 날 나도 반장에게 "이보경이 집에 가는 길에 늘 가던 길로 안 가고 돌아서 갔습니다" 하고 신고를 '당했다.' 전날 친구와 같이 집에 가는 길에 이야기가 더 하고 싶어서 친구를 데려다주느라 조금 돌아서 간 것이 왜 잘못인지 이해가 안 되어 "사실이냐?"는 선생님의 추궁에 말문이 막혀 얼굴이 빨개졌다. 선생님은 '공정함'이라는 이름으로 말 잘하는 임원 아이들에게 신고(고자질이 맞을 것이다)를 받았고, 나는 그 아이들과 함께 앞으로 나가서 손바닥을 맞았다. 그 뒤로 그 길은 다니지 못했다. 그 길만 보면 가슴이 답답해 왔고 심부름 때문에 어쩔 수 없이 지나갈 때는 얼굴이 빨개지고 눈물까지 났다. 무엇인가 크게 잘못한 사람마냥 달음박질하며 지나갔다. 수치심과 억울함이 뒤범벅된 감정이었을 것이다. 열 살 아이의 마음에 억울함은 감히 선생님으로 향하지 못하고 말없는 길에 투사되어 버렸다.

또 다른 기억은 교실 마룻바닥에 왁스질을 할 걸레를 미처 준비해 가지 못해서 '엎드려뻗쳐' 벌을 받았던 일이다. 어머니가 걸레 만들 것이 없다며 그냥 학교에 가라고 해서 준비물을 챙겨 갈 수 없었다. 벌을 받는 것도 창피했지만 바닥이 너무 미끄러워 제대로 버틸 수가 없어서 자꾸 미끄러지는데 당황스러웠다. 아이들은 주변에서 바닥에 쭈그리고 앉아 왁스질을 하고 있었고, 하필 내 뒤에 있는 남자아이들이 킥킥

대며 "쟤 엉덩이 대따 크다, 그치?" 하는데 수치심이 일었다. 벌을 받는다는 창피함, 미끄러워서 제대로 벌을 견뎌 낼 수 없는 당황스러움, 그리고 남자아이들의 성희롱으로 너무나 고통스러웠다. 더 무서웠던 것은 미끄러질 때마다 선생님이 지나 다니면서 엉덩이를 때리셨고, 난 울면서 버티려고 안간힘을 썼다. 내게는 트라우마로 남은 체벌의 기억이다.

처벌식 생활지도는 아이들마다 정도의 차이는 있겠지만 마음에 상처를 남긴다. 아울러 처벌은 그 행동을 수정하려는 의도보다는 어떤 대안도 없이 인과응보를 가르치려는 마음이 문제다. 숙제를 안 해 와도 청소, 친구와 싸워도 청소, 복도에서 뛰어도 청소하는 벌칙을 내리는 식으로, 행동의 수정보다는 잘못된 행동을 단기적으로 통제하거나 벌칙을 부여하는 데 더 주안점을 둔다. 처벌의 고통에서 벗어나기 위해 아이들이 최소한 그 일을 반복하지 않을 거라는 희망으로 말이다.

그러나 결과는 우리가 아는 바와 같다. 아이들이 일으킨 일과 상관없는 처벌이 이루어졌기에 교육 면에서 효과가 없었다. 심하게는 아이들이 반성도 수정도 없이 '난 맞았으니 내가 저지른 일에 대해서 더 이상 왈가왈부 말라'는 태도로 행위를 정당화하는 이상한 상황이 발생하기도 한다. 학교폭력에 대한 제재의 수단으로서 처벌식 생활지도는 처벌받는 학생들이 진정으로 반성하기보다는 억울함을 호소하거나 자신의 행동에 대한 무책임성이 강화되는 이상한 결과가 나타나기도 한다. 이런 이유로 처벌식 생활지도는 학생생활 인권조례의 제정과 더불어 비판받기 시작했다.

인과응보식 생활지도의 명과 암

이에 대한 대안으로 '무관용 원칙'에 기반을 둔 인과응보식 생활지도가 등장했다. 상벌점제가 여기서 나온 정책이다. 학생이 규칙을 지킨 만큼 상점을(초창기에 그린마일리지제라고 했다) 주거나 규칙을 어긴 만큼 대가를 치르게 한다는 것이다. 그 이상도 이하도 아닌, 한 만큼만, 폭력적 대응이 아닌 대가를 치르게 한다는 관점이라 처벌식 생활지도보다는 확실히 덜 감정적이고 덜 폭력적이다. 숙제를 안 해 오면 남아서 숙제를 하고 가도록 하고, 후배를 괴롭히면 학칙에 따라 징계를 받는 것뿐만 아니라 후배 사랑을 키워 주기 위해 저학년들 급식 당번을 하게 한다. 그릇된 행동을 수정하기 위해 규칙을 위반하면 그에 상응하는 벌을 내려 행동을 수정하고자 하는 것이다. 학교폭력에서 학폭위를 거쳐 결정되는 1호에서 9호까지의 징계가 인과응보식 생활교육을 지향하고 있다.

이슬람교의 대표적인 말씀에 '눈에는 눈 이에는 이'라는 말이 있다. 얼핏 들으면 받은 만큼 되갚아 준다는 복수의 의미를 떠올리게 된다. 그러나 이 말은 받은 것 이상으로 과하게 대가를 치르게 하지 않겠다, 눈에는 눈으로 이에는 이로 대가를 치르게 하는 것이지 서로 대응되지 않거나 과한 처벌은 지양하는 의미라고 한다. 인간관계에서 내가 어떤 상처를 받게 되면 흥분하게 되고 과하게 대응하기 쉽다. 이에 대한 경계의 의미가 담긴 이 말은 인과응보식 생활지도의 지향점과 상통하는 것 같다.

그러나 현실은 인과응보식 생활지도가 추구하는 정의가 학교에서는(지금의 사법 체제 속에서도 그렇겠지만) 제대로 실천되지 않는다는 것이 우리의 고민이다. 가해자의 진정한 반성도 피해자의 자존감 회복도 없이, 심지어 이를 보는 공동체 구성원들의 교육도 제대로 이루어지지 못하고 법은 집행된다. 왜 그럴까? 가장 큰 이유는 결과만을 보고 판단하기 때문이다. 그 결과가 일어난 이유를 깊이 탐색하는 과정 없이 누가 때리고 누가 맞았는가 결과만 보고 판단한다. 피해자가 진정으로 원하는 게 무엇인지를 듣지 않고, 객관적이라는 이름하에 결과에 대한 법적 판결만 기계적이고 공허하게 내려진다. 가해자는 차가운 법의 처분 속에서 오히려 반성의 기회를 박탈당하고 죄에 대한 대가를 치렀다며 자신의 책임으로부터 소외되고 있다. 가해자의 형량과 벌을 선고하는 데 사법부가 법 조항과 그들의 시각으로 '공정하게' 판결을 내리면서 피해자 또한 자신이 겪은 사건에서 소외되고 있는 상황이다. '법대로'라는 사회적인 권위 속에서 오히려 배려받지 못하고 위축된다.

아울러 인과응보식 생활지도가 그토록 갈망하는 정의가 실현되지 않는 더 깊은 이유가 있다. 인간은 이성과 더불어 이성보다 더 넓고 깊은 감정에 의해 움직이는 존재이기 때문이다. 머리로는 이해가 되지만 가슴으로는 받아들여지지 않는 것이다. 당사자 간의 깊은 대화 없이, 가해자의 진정한 반성이나 피해자의 고통을 들어 주고 자존감을 회복시키려는 배려 없이 서로를 이해하고 용서한다는 것은 불가능하다.

더구나 학교에서는 학교폭력 사안이 엄정한 법의 집행(학교폭력대책자치위원회) 속에서 진행되고 마무리가 된 후에 학교폭력 관련 학생들이

한 학급, 한 학교, 심지어 가해자가 강제 전학을 가더라도 한 지역에서 함께 살아간다는 문제가 남아 있다. 법적 처분과 결론이 나왔더라도 그 결과에 대해서 가해자도 피해자도 상처를 입고 서로를 등한시하거나 억울함을 느끼며 원망하는 마음으로 살아가는 경우가 많다. 이러한 상황에서 두 학생 다 제자인 교사 처지에서도, 방관자였던 다른 학생들도 마음의 불편함을 넘어 상처를 입은 상태로 공동체가 무너지는 경우가 많다. 어서 빨리 시간이 지나가기를 바라거나 서로 대면하고 싶지 않아 한다. 남겨진 자들의 고통인 것이다.

누구를 위한 조치인지 알 수 없는 껍데기만 남은 객관성과 공정성, 이러한 피상적인 개입이 되어버리는 인과응보식 생활지도의 대안으로 등장한 것이 '문제 해결식 생활지도'와 '회복적 생활교육'이다.

문제 해결식 생활지도

예전에 기초 학습 부진아 순회 상담을 다니다 만난 한 여학생이 있다. 이 아이는 친구의 사물함에 있는 물건을 훔쳐서 여러 군데에 나누어 버리는 행동을 했다. 이 사안을 처벌식 생활지도로 대응한다면 매를 때리거나 학교에 나오지 못하게 하는, 행위와는 상관없는 처벌을 내렸을 것이다. 인과응보식 생활지도라면 훔쳐서 버린 물건을 보상하고 피해학생에게 사과하도록 한 다음 교실 봉사활동 들로 마무리했을 것이다. 그러나 이 아이가 왜 그랬는지 더 깊이 살펴볼 필요가 있지 않을까?

상담자였던 나는 아이와 이 사건을 이야기하면서, 아이가 상습적으로 물건을 훔친다는 사실을 알게 되었다. 그리고 아이가 새엄마와 살면서 새로 가족이 된 동생들을 돌보느라 학원은 다니지도 못한다는 것도 알게 되었다. 친할머니는 아이에게 "못난이"라고 부르며 구박을 일삼았고, 결국 네 형제 중 둘째인 아이는 어떤 사랑도 받지 못했다. 이런 애정 결핍이 조울증으로 이어졌고 상습적인 도벽으로 이어진 듯했다. 아울러 아이는 자신을 뒷담화하는 아이들 중에서 가장 심하게 굴었던 아이의 물건을 훼손하면서 나름 복수를 한 것이었다. 이런 다양한 이유를 파악하고 학생, 학부모, 담임선생과 깊이 있는 상담에 들어가서 문제를 해결하고자 했다. 애정 결핍으로 공허한 아이의 마음을 어른들이 채워 주어야 함을, 그래서 아이가 스스로 반성하고 다시 설 수 있도록 접근한 것이다.

이렇게 문제 해결식 생활지도는 학생이 문제 행동을 일으킨 원인을 찾아보고 적절한 교육과 상담으로 개입을 한다. 학생의 환경 특성과 내면의 특성을 깊이 있게 살펴보고 해결의 실마리를 찾아 개입하고자 한다는 점에서 교육적이고 전략적이며, 변화 지향적이다.

물론 지속적인 가해학생들에게는 교사의 생활지도가 큰 효과가 없을 가능성이 크다. 이들은 교사가 아무리 유대감 속에 평화롭고 정의롭게 학급 풍토를 만들어도 가해 행동을 지속하면서 자신을 드러내려고 한다. 자신의 비행을 통해 얻는 이득(이를테면 아이들의 인정, 재미, 유흥, 권력, 회피의 수단 들)이 크면 아이들은 비행을 멈추지 않는다. 문제 행동을 하는 데는 관심 끌기든 힘의 과시든, 복수든, 열등감의 표출이든 원인이 있다. 이러한 학생에 대한 개입은 교사 혼자 힘으로는 절대 불가능하다. 교사의 관심이 아이가 학교를 다니는 데 약간의 동기화는 이끌 수 있으나 행동을 변화시키기에는 역부족인 것이 사실이다. 이때 필요한 교사의 역량은 외부의 전문 자원을 끌어들여 이어 주는 역할이다. 아이를 포기하지 않고 변화를 위해 다양한 자원들을 연결하는 것도 문제 해결식 생활지도의 훌륭한 실천이다.

그러나 문제 해결식 생활지도는 보통 가해자에게 초점을 둔다. 개입의 방향이나 자원 투입이 대부분 가해자를 위해 이루어지다 보니 정작 가장 큰 보살핌을 받아야 하는, 무너진 자존감을 회복해야 하는 피해자가 소외되는 경우가 많다. 분명 피해자인데 유배 생활을 하듯 집에서 무기력하고 우울하게 방치된다. 아울러 가해자의 재범을 막기 위해 다양한 처벌 규정을 마련하고 상담이나 행동 수정을 위한 개입들이 이루어지지만, 정작 자신이 피해자에게 저지른 일에 대해 진정으로 반성한 내용을 전달하고 책임질 기회를 빼앗기는 아이러니한 상황이 벌어진다. 이러한 과정을 지켜보는 다른 학생들 또한 공동체의 관계가 깨지면서 상처를 입는데, 이에 대해서 침묵만을 강요당하기도 한다. 교사 또한 가해학생도 피해학생도 내 학생이고 나머지 기간을 한 울타리에서 지내야 하는데, 학폭위에서 내린 결정대로 일이 진행되는 과정에서 아이들은 서로 반목하고 공동체는 균열된다. 학교폭력 사안이 처리되는 과정에서 응보적 대응 내지는 처벌적 대응은 모든 관련 학생들에게 더 큰 상처를 남긴다. 결국 처벌을 넘어 화해와 용서를 통한 관계의 회복이 이루어져야 하며 이에 새로운 대안이 등장한다.

회복적 생활교육, 그 철학

사법계에서 하나의 철학으로 시작된 회복적 정의 생활지도는 '처벌'보다는 '회복'에 초점을 둔다.

먼저 잘못된 행동에 대해서 성찰하고 이것을 바로잡기 위해서 아이와 의논해 피해를 입은 학생의 입장을 생각하고 진정한 반성과 사과를 유도한다. 문제 해결식 생활지도가 지향하는 바도 비슷하지만, 회복적 생활교육이 다른 것은 피해학생이 진정으로 바라는 것을 들어주려고 한다는 점이다. 앞서 이야기한 사건의 경우 피해학생에게 가해학생이 왜 자신의 물건을 나누어 버렸는지 까닭을 말해 주면서 어떤 조치를 바라는지 물어본다. 이유를 알게 된 피해학생은 자신이 뒷담화한 것을 깨닫고 사과를 하며 가해학생의 처벌을 원하지 않을 수도 있다.

또한 한 공동체에 속했던 관련 학생들이 깨진 관계를 회복하도록 하는 것도 회복적 생활교육의 지향점이다. 왜냐하면 우리는 결국 함께 살아가는 사회 구성원이기 때문이다. 갈등은 그 정도의 문제일 뿐 늘 일어나는데, 이러한 갈등을 올바르게 해결하는 과정에서 공동체는 관계를 회복하고 더욱 공고해진다. 갈등을 조율하고 해결하는 방법을 배우는 것, 이것이 곧 생활교육의 과정이 된다. '생활지도'의 일방적인 지도에서 '생활교육'이라는 함께하는 관계 교육을 지향하는 것이다. 생활지도가 학생들의 잘못된 행동에 대한 교정과 훈육에 보다 초점을 두고 있다면, 생활교육은 구성원들의 가치관과 욕구에 초점을 두고 이를 공감하고 조율하고 화해하는 데 관심을 둔다. 그래서 생활교육은 교과교육 이상으로 세밀하게 계획하고 진행되어야 하는 민주시민 교육이라고 할 수 있다. 회복적 생활교육은 갈등 상황을 아이들의 관계를 점검하고 회복하는 교육의 기회로 삼는다. 학생들이 함께 학급 생활을 해가며 조율하는 과정에서 서로의 자존감과 책임감, 공동체의 관계가 회복되고 결국 '진정한 정의가 회복'되는 것이다.

그러나 회복적 생활교육은 단순한 테크닉이 아니기에 쉽사리 적용할 수가 없다. 학생과 학생, 교사와 학생, 심지어 행정가와 교사 간에 서로 존중하는 분위기가 조성되어 있어야 한다. 수직적인 관료주의가 팽배한 문화에서는 회복적 생활교육이 제대로 실현되기 어렵다. 무엇보다 교사와 학생을 도구로 생각하고 이용하는 학교 문화에서는 단순히 시늉에 그칠 수 있다. 회복적 생활교육은 철학이자 신념이고 실천이기 때문이다.

회복적 생활교육은 문제 해결식 생활지도와 그 지향점이 비슷하지만 '공동체의 관계 회복'에 보다 주안점을 둔다. 브렌다 모리슨(Brenda Morison) 박사의 연구 결과처럼 공동체성을 '강화'하고 '보수'하며 '재건'하는 데 초점을 맞춘다.

'공동체성 강화'라는 것은 학급과 학교의 유대감을 강화하는 것이다. 유대감은 '우리'라는 의식이다. 배척하는 '우리'가 아니다. 사는 환경도 생각도 감정도 다르지만, 서로 가치를 인정하고 이해하며 존중하는 문화가 조성되어야 한다. 이것을 다양성에 대한 교육, 다름에 대한 교육이라고 할 수 있겠다. 프랑스의 경우 톨레랑스 정신으로 다양성 교육을 대표적으로 진행하고 있다. 더 나아가 새로운 것을 이해하는 것뿐만 아니라 긍정적으로 물들고 수용하는, 늘 깨어 있고 변화될 준비가 되어 있는 '노마디즘'의 정신이 우리가 궁극적으로 가져야 할 정신일 것이다.

이 과정에서 교사들은 정서 지능과 인성을 발달시키는 교육 활동들을 모색해야 한다. 무엇보다 감정을 이해하고 공감하는 교육은 정말 중요하다. 나와 친구의 감정을 이해하고 공감하는 것은 서로를 존중하는 기본이 된다. 아울러 유대감을 증진시키는 데 최선을 다하는 것만으로도 아이들은 보다 안정되고 행복하게 학교생활을 할 수 있다. 서로를 알아가고 친해지는 과정에서 자연스럽게 유대감이 생기며, 이것이 공격과 폭력이 들어서지 못하게 하는 방패막이가 된다. 학교에서 진행하는 다양한 체험 활동이나 친밀감 형성 교육이 활성화되고, 학력이나 민족적 배경에 상관없이 있는 그대로 내 가치를 존중해 줄 때 우리는 서로를 공격하는 대신 이해하고 배려하며 존중할 수 있다. 나를 이해해 주지 못하고 나를 소외시키며 내 자존감을 꺾을 때 학생들은 공격적으로 변해간다. 마치 공주가 태어난 날 축제에 초대받지 못하자 공주에게 저주를 내려 잠에 빠지게 만든 마녀처럼 말이다. 이 공격은 다른 사람들을 향할 수도 있지만, 자기 자신을 향한 공격이 되어 우울, 불안, 자해 행동으로 이어질 수도 있다. 우리는 관계의 동물이기에 타인에게 존중받고 이해받을 때 비로소 행복해질 수 있다.

공동체성을 강화하여 학급이 충분히 친밀하고 신뢰감을 주는 관계가 형성되면 큰 갈등은 막을 수 있지만, 공동체 생활에서 갈등 자체를 피할 수는 없다. 비가 온 뒤 땅이 단단해진다는 말처럼 피할 수 없는 갈등을 교육의 순간으로 삼아 공동체의 유대감을 더 단단하게 해야 한다. 가끔은 보다 큰 갈등으로 싸움이 일어나는데 이때 필요한 것이 '공동체 보수'다. 망가진 공동체의 틀을 조금씩 수정하는 것이다. 갈등이 되는 문제를 중재하는 과정에서 담임교사와 관련 학생, 관련 학생의 부모들과 함께 대화의 장(이것은 '회복적 서클'의 일종이다)을 마련할 수 있고, 또래 중재자들의 도움을 받아 평화의 테이블에서 서로의 감정과 욕구를 확인하며 대화를 통해 조율할 수도 있다. 학교폭력까지는 아니지만 피해를 입은 학생, 자존감에 상처를 입은 학생을 발견했을 때 담임교사가 보다 적극적으로 회복적 서클을 열어서 가해자가 스스로 반성하고 그에 대한 책임을 지게끔 이끌 수 있을 것이다. 아울러 피해학생의 자존감을 세워 주고 학급에 다시 적응하도록 이끌어 줄 수 있다.

공동체성의 강화, 보수에 이어 가장 어려운 단계는 '공동체 재건'이다. 무너진 학급을 재건하는 것이다. 큰 학교폭력 사안이 발생해 관련 학생들이 법적 처벌을 받게 되고 공동체 전체가 상처를 입은 상황에서 이루어지는 회복적 생활교육이 여기에 해당한다. 이때는 가해학생과 피해학생에 대한 전문적인 상담 개입이 필요하고, 이후에 안전한 상황(특히 피해학생의 입장에서) 속에서 회복적 서클이 이루어진다.

회복적 생활교육의 실천,
서클(circle)

회복적 서클은 갈등을 해결하기 위한 평화적 대화의 과정, 대화 모임이라고 할 수 있다. 공동체의 문제를 해결하기 위한 이 과정은 단순히 불편한 갈등 상황을 풀어 공동체를 강화, 보수, 재건하려는 것에만 머물지 않는다. 갈등과 관련된 구성원들이 서클에서 이루어지는 평화적인 대화를 통해 타인의 이야기를 경청하며 자신을 돌아보는 성찰의 기회가 된다. 아울러 반성한 것을 어떻게 실천으로 옮길 것인지 고민하며 책임감을 회복하는 과정이기도 하다. 이 속에서 구성원들은 저마다의 문제를 해결하고 자신을 성장시키게 된다. 이런 과정 속에서 공동체가 견고해진다.

회복적 서클은 어느 날 갑자기 나온 평화적 대화 모임이 아니다. 인디언들이 문제를 해결할 때 둥글게 모여 서로 의논하는 전통은 널리 알려진 사실이다. 아서왕의 신화에서도 전래되었듯이 기사들은 원탁에 모여 왕과 동등한 위치에서 국가의 사안을 논의한다. 우리나라의 화백 제도에서도 서양식 다수결의 원칙이 아니라 '모두 다 말하며, 사람마다 의견을 개진하도록 하여' 의견이 모아질 때까지 회의를 하면서 국사를 결정하는 서클의 모범 사례가 있었다. 화백 회의 중에 의견이 일치하지 않을 때는 저마다 방으로 돌아가서 마음을 가라앉히고 개인의 이익이 아닌 전체를 위한 것이 무엇인지 거듭 생각하고 다시 회의를 연다. 이러한 과정을 반복하며 만장일치가 될 때까지 경청하고 또 경청하며 소수의 의견까지도 함께하는 서양식 민주주의 이상의 가치를 가진, 공동체성을 강화하는 제도의 원형이라고 할 수 있다.

　서클은 모두가 말하고 모두가 들어 주는 철저한 공정성, 평등성을 특징으로 한다. 더 권력이 있거나 우월한 사람이 없으며 서로를 존중한다는 약속을 바탕으로, 누구든 문제를 해결할 힘이 있다는 믿음 속에 진행된다. 그래서 존중과 경청, 비밀 유지, 안전한 분위기를 운영의 원칙으로 한다. 일종의 대화 모임으로 생각할 수도 있지만, 서클은 분명 갈등 상황을 예방하거나 해결하고자 하는 모임이기에 갈등 중재자로서의 역할을 맡은 진행자(교사 등)는 개인과 전체를 모두 살펴야 하는 부담이 있는 것은 사실이다.

　최근 학폭위 결정 사안을 놓고 불복하는 상황이 많아지면서 상부 기관에 재심의를 의뢰하는 건수가 많아지고 있다는 것은, 단순히 학교폭력대책자치위원들의 전문성 문제라기보다는 법적인 응보적 정의만으로는 해결되지 않는 무엇인가가 있다는 의미다. 그만큼 사전 또는 사후에 중재의 과정이 부족하거나 아예 없다는 말일 것이다. 근래 들어 부쩍 저학년 학부모 사이에서 학폭위를 개최해 달라는 요구가 늘고 있지만, 법적으로 처리하는 학교폭력대책자치위원회가 열린다고 해서 모든 것이 말끔하고 명확하게 해결되는 것은 아니다.

특히 사안이 아주 크지 않은데, 피해학생 부모 쪽에서 사전에 만나서 이야기를 나누는 대신, 강력하게 학폭위를 열도록 요구해 일종의 복수처럼 일이 진행되는 경우가 있다. 피해학생 쪽이건 가해학생 쪽이건 원망과 불신이 더욱 커질 수밖에 없다. 피해학생 쪽에서는 너무 약한 처벌 아니냐, 가해학생이 상담이나 교육을 받는 것이 맞느냐, 우리 아이와 격리시켜 달라는 등 학폭위에서 결정한 것 이상을 요구하며 학교에 불만을 제기한다. 가해학생 쪽에서는 학생생활기록부에 기록된다는 사실, 훈육과 상담으로 충분히 해결될 문제였는데 굳이 학폭위까지 열게 된 상황에 불만을 갖는다. 서서히 불만이 커지면서 절차에 대해서, 학폭위 구성원의 전문성에 대해서, 그들이 내린 결과에 대해서 법 조항을 찾아 결함을 찾으려 한다. 문제를 제기하며 학교 쪽에 계속 답변서를 요구한다. 어차피 담당 교사가 답변서를 작성하는 것이니 담당 교사에게 직접 문의해도 되는 것을, 상위 기관에 자꾸 문의해서 학교로 답변 요구서가 내려오도록 하고 학교는 학교대로 답변서를 작성하느라 고달프다. 가해학생 쪽 입장에서 할 수 있는 억울함의 호소지만 그 모든 것이 학교의 업무가 되면서 학교는 또 다른 피로감에 빠질 수밖에 없다.

학폭위로 넘어가는 과정에서 또 상처를 입는 사람은 담임교사다.

학폭위에서 결정된 이상 담임교사는 개입을 할 수 없다. 개입은 학폭위를 요구하기 막바지, 학폭위가 끝난 뒤에 가능하다. 내 학생과 관련된 일인데, 담임교사가 개입할 수 없는 상황에 자괴감과 소외감을 느낄 수밖에 없다. 가해학생도 담임교사도 학교도, 심지어 피해학생마저도 누구 하나 이득 보는 것이 없는 학폭위가 되는 경우를 종종 본다.

학폭위는 필요하다. 그러나 학교 현장에 있으면서 학폭위만이 능사가 아니라는 생각을 많이 하게 된다. 무엇보다 법적 기구인 학폭위를 담당하는 것이 학교여야 하는가에 대해서는 논의가 필요하다. 학교가 아닌 교육청이나 경찰서, 사법부의 위임을 받은 전문 기구에서 담당할 필요가 있다. 학교 안팎에서 일어나는 학생들 간의 폭력 사건을 학교가 담당하기에는 사실상 역부족이며, 학교는 기본적으로 법적 집행 기구가 아닌 교육의 장소이기 때문이다. 대신 학교는 교육적인 갈등 중재나 사후 회복을 위한 서클 모임을 운영하는 쪽으로 가닥을 잡아야 하지 않을까 싶다. 피해학생이 사전에 서클 모임을 거부하거나 서클 모임 뒤에도 갈등이 해결되지 않는 경우 학교 외 법적 기구를 이용하도록 안내하는 것이 학교의 역할이라고 본다.

학폭위 조치 후 학부모 대상 회복 서클

저학년 교실에서 자신이 좋아하는 여자아이에게 쪽지 등을 건네며 지속적으로 성적인 표현(뽀뽀하고 싶다)을 하는 현우가 있었다. 2학년 때 전학을 온 현우는 좀 개구지고 친구를 대하는 방식에 전략이 부족

했다. 인지적인 면에서는 문제가 없지만 다소 사회성이 부족한 느낌이 들었다. 하지만 2학년이면 아이들 대부분 정서나 사회성 발달의 과도기에 있는지라 큰 문제라고 느껴지는 않았다. 엄마가 집에서 따뜻하게 보살피고 있고 아빠도 아이에게 관심을 갖고 잘 돌보는 평범한 가정의 아이였다. 그러나 현우에게 쪽지를 받은 여학생은 괴롭고 싫었다. 그런 표현을 하는 현우를 비난하고 가끔 때리기도 하다가 선생님께 알렸다. 현우는 교사에게 그런 행동을 하지 말라고 따끔하게 지적을 받았고, 여학생은 과하게 반응하면 재미를 느낄 수도 있으니 무시하라는 조언을 받았다. 여학생은 성격이 쿨한 편이라 부모에게는 이 사실을 말하지 않고 그냥 넘기고 있었다.

문제는 현우가 동석이라는 남학생과 모둠 활동을 하다가 다투게 되면서였다. 말다툼을 하다가 동석이가 그만 말하라며 현우의 입을 틀어막자, 현우가 동석이의 따귀를 때리면서 문제가 커졌다. 동석이 부모는 평소 현우와 사이가 안 좋은 아들의 말을 듣고 불만을 가졌다. 교사에게 말을 했지만, 쌍방의 잘못이고 먼저 입을 막은 동석이에게도 잘못이 있으니 넓게 이해하라는 교사의 답변을 들었다. 그러다가 우연히 현우가 여학생에게 성희롱을 했다는 사실을 알았다. 자기 아들의 따귀를 때린 현우에 대한 분노로 여학생의 엄마를 부추겨서 학폭위를 열도록 요구하게 했다. 여학생 엄마의 결정으로 학폭위가 열린 것이지만, 옆에서 동석이 엄마가 현우의 행실을 좋게 말하지는 않았을 것이고 그것이 여학생 엄마의 불안과 걱정으로 이어지면서 학폭위를 요구하는 기폭제가 된 것이다. 현우는 아홉 살에 가해학생이 되었다.

학폭위가 끝난 후 학교에서 나에게 가해학생 학부모 교육을 해 달라는 요청이 왔다. 현우를 인성교육 시간에 만나면서 어떤 학생인지 알고 있었고, 현우가 겪은 일련의 과정을 알고 있기에 안타까운 마음을 갖고 현우 엄마를 만났다. 의무교육임을 현우 엄마도 알고 있었겠지만, 우선은 학폭위가 열리고 마무리되기까지 느꼈을 감정들을 들어주었다. 말하다가 하염없이 눈물 흘리는 엄마를 보니 마음이 아팠다. 어쩌면 피해 여학생 엄마를 만나 이야기를 들어도 내 마음은 또 아팠을 것이다. 이야기를 하다가 상담 센터를 소개해 주고, 앞으로 부모로서 해야 할 일들을 이야기 나누었다. 현우 엄마가 가장 궁금해하는 생활기록부 기록에 대해서는 1호와 3호 조치가 내려져서 졸업 전에 삭제가 될 것이라고 알렸다. 아울러 현우가 다시 가해학생이 되거나 행동에 문제가 있으면 위원회에서 삭제를 못 할 수도 있으니 조심해야 한다고 알리면서도 너무 걱정 말라고 전했다.

현우 엄마를 보면서, 문득 어쩌다 이렇게까지 왔는지 안타까웠다. 이야기가 끝나갈 때쯤 학폭위가 열리기 전에 적극적으로 피해학생 엄마를 만나지 않은 이유를 물었다. 그런데 현우 엄마는 피해 여학생 엄마의 분노를 이해하고 신중하게 다가가려고 동석이 엄마에게 여학생 엄마와 만날 수 있도록 도와 달라고 부탁하고 기다렸다는 것이다. 피해학생 부모를 만나 이야기를 듣고 진심으로 사과하려고 계속 시도했으나 무산되었다고 했다. 계속 전화를 기다리면서, 여학생 엄마를 만나지도 못한 상황에서 갑자기 학폭위가 열려 당황할 수밖에 없었다고 했다. 학폭위가 열리기 전부터 병원에 가고 'ADHD 경계' 수준이라 굳이 약을 먹지 않아도 되었지만, 행동의 변화를 보여 주어야 한다는 초조함에 약까지 먹이게 되었다고 말했다. 아울러 현우가 학폭위에 가서 경찰위원에게 문제 행동에 대해서 엄중하게 혼이 나는 과정에서 주눅이 든 아홉 살 아들을 보니 고통스러웠다며 또다시 눈물을 흘렸다. 엄마들 모임에도 일부러 자주 나갔는데 거기서는 말 한마디 없다가 갑자기 학폭위가 열려 적잖이 놀랐다고 했다. 그러면서 학폭위 결과는 그렇다 치고, 피해학생 엄마를 만나서 사과하고 싶은데 그런 자리가 없어서 너무 아쉽다고 했다.

담당 교사와 의논해 드디어 피해학생 엄마와 가해학생 엄마가 한자리에 앉았다. 나는 중재자로서 두 엄마의 마음은 같다는 것, 곧 '아이를 잘 키우고 싶고 행복하기를 원한다'는 같은 목표가 있다는 것을 인지시키며 허심탄회하게 이야기를 해 나가도록 했다.

그런데 속마음을 이야기하는 과정에서 서로 오해가 있었음이 드러났다. 특히 현우와 갈등을 겪었던 동석이 엄마가 피해 여학생 엄마를 만나게 해 준다고 해서 그 말을 믿고 계속 전화를 기다리고 있었다는 것을 피해 여학생 엄마가 이 만남에서야 알게 된 것이다. 피해 여학생 엄마는 전화 한 통도 없어 괘씸한 마음이 들었고, 변화의 의지가 없는 신호라고 보고 아이를 보호하기 위해 뭔가 조치를 취해야 한다는 생각에 학폭위를 요구했다고 한다. 현우 엄마가 섣부르게 전화했다가 오히려 일이 안 좋은 방향으로 흘러갈까 두려워서 만나자는 전화를 기다리고 있는 상황에서 일은 진행된 것이다. 피해 여학생 엄마는 현우의 문제를 학부모들 모임이나 전화로 동석이 엄마에게 계속 들었다고 한다. 그러면서 머릿속에 현우가 무척 나쁜 아이라는 이미지를 갖게 되었고 현우 엄마를 무관심한 방임 엄마로 생각하고 있었다는 것이다.

이런 일련의 오해들이, 막상 이렇게 만나서 이야기를 해 보니 풀리기 시작했다. 현우 엄마가 아이에 대해서 이미 조치를 취하고 있었다는 것과 진심으로 미안해하고 있다는 것도 알게 되면서 이럴 줄 알았으면 학폭위가 열리기 전에 만났으면 좋았겠다고 했다. 더구나 피해 여학생 엄마는 학원을 운영하는지라 학생들의 상황이 어떤지 잘 알고 있다며, 본의 아니게 학폭위가 열리고 현우에게도 별로 좋은 경험이 아닌 것 같다며 안타까워했다. 서로 오해를 풀고 진심으로 사과하고 또 이해하면서 잘 마무리가 되었다. 아울러 이런 자리가 체계적으로 구성되어 제대로 중재가 되면 좋겠다는 의견들을 나누었다.

이 사례처럼 학교폭력대책자치위원회가 열리기 전에 갈등을 중재하는 과정이 의외로 효과를 거둘 때가 많다. 그냥 조정과 합의가 아니라 정식 절차로 솔직하게 서로의 마음을 경청하고 진심으로 사과한다. 그리고 앞으로의 대책을 논의하고 머리를 맞대는 과정에서 오히려 당사자인 가해학생과 피해학생은 여러 가지를 배울 수 있게 된다. 최근 '학교장 종결 사안'을 주장하는 입장이 있다. 단순히 합의를 유도하는 것이 아니라 진정으로 갈등을 중재하는 회복적 서클의 과정이라면 잘잘못을 가리고 징계 처분을 내리고 끝나는 학폭위보다는 더 큰 교육적 정책일 수 있다.

회복적 서클은 다양한 목적으로 운영될 수 있는데, 특히 교사와 학생 사이에 훈육의 과정에서도 활용될 수 있다. 학생들 중에는 옳고 그름의 판단, 하지 말아야 하는 행동에 대한 분별력이 유난히 부족한 경우가 있다. 주 양육자와 애착의 문제든, 부모의 양육 태도의 문제든 여러 경험을 통해 형성된 경계가 없는 아이들의 행동 패턴에 교사로서 당황할 때가 많다. 인지 발달은 우수한 편이나 정서적 발달이 부족한 이 학생들 때문에 학교에서 교사들은 솔직히 상처를 받는다. 교사로서 갖가지 자괴감이 들어 학급 운영마저 흔들릴 때도 있다. 학생 인권이 강화되면서 체벌은 물론 처벌마저도 금지하는 상황, 심지어 상벌점제도 지양하라는 상황에서 이런 '막 나가는 학생들'과 대치하게 될 때가 큰 고민이다. 소리 지르며 혼내자니 아이와 사이가 나빠져서 더 통제가 안 되거나 민원까지 받는 상황이 될까 봐 망설여지기도 하고, 그렇다고 무시하고 넘어가면 보고 있는 아이들이 그런 행동을 수용한다고 오해할까 봐 걱정된다. 그나마 현명한 방법이라면 단호한 태도로 학급 규칙을 상기시키고, 솔직한 교사의 감정을 얘기하고 사과를 받을 수도 있다. 아이가 반성의 빛을 보이면 다행이다.

그러나 교실 상황에서는 자칫 교사가 감정적으로 대하면 빈정 상한 아이가 더 반항적으로 나올 수도 있는 외줄타기 같은 상황인지라 권할 만한 방법은 아닌 듯하다. 단호하게 잘못된 것임을 알리고, 수업이 끝나고 따로 만나서 비폭력 대화법으로 상담을 하는 것이 최선일 것이다. 그러나 이런 모처럼의 대화마저 일방적으로 흘러가는 경우도 있다. 특히 교사가 걱정해서 진심으로 하는 말에도 "제가 그렇게 잘못한 것도 아닌데 왜 저한테만 그래요?" 하고 반응하는 아이들을 만나면

난감하고 당황스럽다. 억압적인 대화가 오간 것도 아닌데, 교사가 자신을 앉혀 놓고 말을 한다는 자체가 나무람이고 비난이라고 느끼는 예민한 아이들도 있다. 이런 경우 교사가 회복적 서클을 여는 것도 아이에게 잘못된 행동을 인식시키는 계기가 될 수 있다.

자신을 성찰하도록 하는 서클

진수는 감정의 온탕과 냉탕을 오가는 학생이다. 세상에 불만이 많고, 무엇보다 권위에 대한 반항심이 상당하다. 4학년 때는 학급 회장인 여학생과 갈등이 있었는데, 여학생의 권위적인 태도가 마음에 들지 않는다며 회장직 사퇴를 요구하는 연판장까지 돌렸다. 학급 회의 시간에는 궤변을 펼치며 아이들 전체와 말싸움을 벌이기도 했다. 교사의 스티커제, 모둠별 점수에도 반기를 들고 본인이 '정의롭다'고 나름 생각하는 것 같았다. 그러나 자신의 잘못된 행동에 대해서는 아주 관대하다. 예를 들어 물건을 훔친 사실을 들키면, 계속 억울하다고 주장하면 된다면서 솔직하게 말하는 게 바보 같은 짓이라고 교사에게 스스럼없이 말한다.

이런 진수를 담임이건, 전담이건 좋은 시각으로 바라보기가 어렵다. 나 또한 수업 시간에 보이는 불손한 행동들, 텅텅 빈 공책으로 과제를 내면서도 낸 것은 낸 것 아니냐며 소리 지르고 우기는 모습에 당황을 넘어서 어이없고 무력감을 느꼈다. 나와 갈등이 깊어지는 상황에서 어느 날 내가 있는 수석실의 문을 발로 차고 도망가는 사건이 있었다.

진수의 뒷모습을 보고 바로 5층까지 쫓아 올라갔다. 진수는 화장실에 다녀오는 척하더니 천연덕스럽게 내 앞에 나타났다. "네가 선생님 사무실 발로 차고 갔니?" 하고 물었더니 히쭉 웃으면서 "저는 화장실 다녀온 건데요" 하고 대꾸한다. 난 아이의 눈을 노려보듯이 보았고, 아이는 눈길을 피했다.

"너는 그런 행동을 해서 뭘 얻으려는 거지?"

"뭐가요?"

"영웅이 된다고 생각하니?"

물론 대답이 없다. 나는 아이들을 앉히고 진수의 행동을 목격한 사람을 찾았다. 그러자 몇몇이 쭈뼛쭈뼛 손을 든다. 아이들에게 이야기를 들었다. 문을 발로 세게 차고 도망가는 놀이를 진수가 주도하고 있고 친구들이 이 상황을 재미난 듯 지켜보고 있는데, 나뿐만 아니라 다른 선생님들, 심지어 교장실 문까지 차고 갔다고 했다.

고민을 하다가 서클을 열어야겠다고 생각했다. 진수가 자신의 행동을 아이들이 재미있게 생각하고 응원하고 있다는 착각을 깨 주는 것이 목적이었다. 자신이 잘못 해석하고 있었다는 것을 인식하면 행동의 변화가 있겠거니 생각한 것이다.

진수에게 대화 모임을 열 거라고 말하면서 친한 친구, 자신을 지지해 줄 만한 친구를 세 명 고르라고 했다. 나도 반에서 정의로운 아이들을 세 명 선택했다. 대화 모임이 시작되었다. 이런 서클 참여가 처음인지라 다들 겸연쩍게 웃었다. 최근 일어난 일련의 사건들을 상기시켰다. 진수가 워낙 예민한 아이라서 객관적으로 진술하려고 노력했다.

진수에게 어떤 생각이 드냐고 했더니 억울하다고 했다. 그리고 본격적으로 진수의 행동에 대한 아이들의 의견을 들었다. 진수와 친한 아이들은 "진수가 장난기가 있지만 나쁜 아이는 아니에요" "과제를 내긴 냈는데 안 했다고 안 낸 아이들과 같이 말하니 기분이 나빴을 것 같아요" 하고 편을 들기까지 한다. 난 진행자이기에 중립을 지켜야 했다. 이어서 반대편에서 말을 한다. "과제를 하지도 않고 낸 것처럼 하는 게 더 나쁜 거 아닌가요?" "본인은 장난일지 몰라도 당하는 사람들이 기분이 나쁜데 그건 장난이 아니고 공격이지요" "진수가 도덕 선생님뿐만 아니라 다른 선생님들께도 소리 지르고 가끔 욕도 하고 책상을 치고 할 때마다 마음이 정말 불편해요" 하고 말한다.

내가 해 주고 싶은 말을 아이들이 알아서 해 주니 속으로 좀 시원하기도 했다. 이상하게도 아이들이 그런 말을 할 때, 내가 얘기할 때와 달리 진수는 그냥 듣고 있었다. 아마 내가 얘기했다면 얼굴에 불만의 표정이 금방 올라왔을 것이다. 마지막으로 진수에게 하고 싶은 말을 비공격적이고 허심탄회하게, 진심을 담아 얘기하자고 하니 진수도 허락을 한다. 오히려 진수와 친해서 진수가 데려온 아이들이 조언을 한다.

"진수가 갑자기 화를 내고 소리 지르지 않았으면 좋겠어요. 그럴 때 같이 놀기가 거북해요."

"선생님들께 예의를 지켜야 할 것 같아요. 우리까지 기분이 나쁘고 불편해요. 진수가 그런 행동을 반복해서 하니까 아이들 사이에서 이미지도 안 좋고, 여자아이들은 정말 싫어해요. 걱정되기도 해요."

친한 친구들이 말을 하니 진수는 묵묵히 듣고 있다. 마지막으로 진수의 이야기를 들었다.

"친구들이 그렇게 생각할 줄 몰랐어요. 다음부터는 조심할게요."

진수의 행동이 쉽게 바뀌지는 않는다. 그러나 이 서클을 통해 진수가 자신의 행동을 친구들이 어떻게 바라보는지 깨닫게 되었다. 아이들이 웃는 것이 호응이 아님을 알았을 것이다. 권위에 대한 반감이 강한 아이들에게 교사의 백 마디 말보다 친한 친구들이 말해 주는 진심의 조언이 얼마나 강력한지 느끼게 된다.

학교는 다양하지만 다소 공허한 정책들로 피곤한 상황이다. 그렇다고 정책의 공허함을 비판하고, 어떤 확실한 매뉴얼이 없음을 탓하고만 있을 수도 없다. 마치 지진으로 무너진 학교를 재건하는데 상부에서 매뉴얼이 오기만 기다리며 손 놓고 있을 수는 없는 것처럼 말이다. 차라리 돌덩이 하나라도 치우고, 끝이 안 보이더라도 지금 이 순간 최선을 다해 장애물을 치우는 것이 결국 내가 원하는 목표에 도달하는 가장 빠른 길이 된다. 고통받는 아이들이 보이면 그 고통을 어떻게 줄일까 고민하면서 함께하려는 노력, 잘못된 역할 놀이에 빠져 친구를 괴롭히는 아이를 바르게 지도하려고 최선을 다하는 교사의 노력과 실천이 매뉴얼을 기다리며 손 놓고 있는 것보다 훨씬 교육적이다. 가끔은 전쟁 같은 하루하루가 결국 교육인 것 같다.

우리는 학교에서 아이들이 행복하기를 바란다. 그러나 이 행복은 늘 좋은 향기와 맛, 좋은 소리로만 오지 않는다. 힘든 갈등은 끝없이 일어난다. 그러나 한편으로 이 갈등은 아이들과 교사가 성장하며 관계

속에서 진정한 행복을 찾는 자원이기도 하다.

생활지도에서 생활교육으로 실천하는 이 길에서, 우리는 서로 실천하고 성장하는 과정에 있음을 알고 희망을 버리지 않았으면 한다. 그리고 이 희망은 교사의 열정과 학부모의 깊은 이해, 사회의 실제적인 지지로 유지될 것이다. 무엇보다 사회적으로 학교가 학교답게 기능하도록, 배움이라는 본질에 충실한 기관이 되도록 배움 외적인 것을 덜어내는 배려가 절실하다.

끝내 이해할 수는 없을지라도

새삼 덧붙이는 이유는 아쉬움 때문이다. 무엇인가 여운이 남아, 하고 싶은 말이 문득 생각나서 주섬주섬 떨어진 열매 담듯이 담아 본다.

'학교폭력'이라는 용어에 대한 재고를 먼저 논의해 본다. 그다음, 교사이면서 학부모인 입장에서 학교폭력이 어떻게 다가오는지, 가해자와 피해자 부모의 입장에서 겪은 일을 적었다. 비판도 아니고 홍보는 것도 아니다. 같은 동료 교사로서 느끼는 바도 이러할진대 일반 학부모들은 어떨지 안타까웠던 점을 담담하게 이야기해 본다.

학교폭력이 맞는가, 학생폭력이 맞는가

'학교폭력'이라는 말이 과연 맞을까? 학교에서 일어나는 폭력이라는 대강의 정의가 가능하겠지만, 학교 내 모든 사람들의 폭력을 다룬다는 것인지 학교 간에 폭력이라는 것인지 개념 자체가 애매하다. 심지어는 학교가 폭력을 한다는 것인지 농담조로 말하는 사람들도 있다. 이미 고유명사가 되어버렸지만, 이 용어에 대해 깊이 생각해 본다면 분명 잘못된 용어다. 언어가 정신에 영향을 준다는 것을 생각한다면 바꾸어야 한다. 초기에 학교 내에서 일어나는 폭력 사안이라서 장소적 개념으로 학교폭력이라는 말이 받아들여졌을 것이다. 그러나 무엇보다도 학교 내에서 일어나는 모든 폭력이 '학교폭력'이 아니라는 것이 문제다.

학교 안에서 일어나는 폭력에는 학생과 학생 간 폭력, 교사와 학생 간 폭력, 교사와 학부모 간 폭력, 동료 교사 간 폭력이 있을 수 있다. 이 모든 것이 우리가 일반적으로 말하는 학교폭력이라면 학교 내 이 사안을 다루는 기구인 학교폭력대책자치위원회에서 다루어야 한다. 그러나 위원회에서는 '학생과 학생 간의 폭력'만 다룬다. 따라서 장소적 의미로 학교폭력이라고 이름을 지은 것이라면 타당하지 않다.

학교폭력이라는 용어를 바꾸어야 하는 또 다른 이유는 학교에 대한 부정적인 시각을 갖게 한다는 점이다. 학교는 배우는 장소다. 교사인 나는 배움이 일어나는 신성한 장소라고 생각한다. 이런 장소에 폭력이라는 용어를 붙이니 새삼 학교에 대한 이미지가 추락할 수밖에 없다. 아이들 사이에서 학교는 '폭력'이라는 부정적인 이미지를 심어 줄 수도 있다. 폭력이라는 말보다는 덜한 '괴롭힘' '공격'이라는 용어를 붙여 보면, 학교폭력이라는 용어가 왜 타당하지 않은지 이해가 된다. '학교 괴롭힘' '학교 공격' 이상하지 않은가? 따라서 '학교폭력'이라는 말도 이상하다. 아울러 학교폭력 사안의 영역이 '학교 밖'에서 일어나는 일도 학생과 관련이 있으면 학교폭력대책자치위원회의 조치 사안이 되기 때문에 장소 면에서도 합당하지 않다.

결국 학교폭력이라는 용어보다는 '학생 간 폭력'이 더 타당할 것이다. 외국처럼 'bullying(괴롭힘)'으로 개념화한다면 더욱 좋겠다. 폭력에 학교나 학생을 붙이게 되면서 느껴지는 기이함과 부정적 이미지는 줄일 수 있기 때문이다. 이미 학교폭력이라는 용어가 통용되고 있어서 단번에 바꾸기는 어려울 것이다. 그러나 학교에 다니는 아이들이 학교와 폭력을 결부시켜 생각하거나, 학교는 곧 폭력적이거나 그럴 가능성이 다분한 장소라는 부정적 이미지를 갖지 않았으면 해서 제시해 본다.

현재 공교육 학교의 기원은 아이를 농사나 공장에서 일하는 일개 부품쯤으로 생각하던 어른들로부터 아이들을 탈출시키려는 선한 목적에서 만들어졌다. 가난하고 힘없는 아이들도 배움을 통해서 행복한 한 인간으로 자립하는 멋진 배움의 장소가 학교라고 생각하기에 폭력과 연결되어 불리는 이 상황이 늘 불편하다. 학교폭력이라는 용어가 바뀌었으면 하는 바람이 크다.

피해학생 엄마로서 느끼는 학교폭력

학교폭력에 대해서 그래도 알 만큼 안다는 나 자신도 내 아이의 일에 대해서는 감정이 앞서는 건 어쩔 수 없는 것 같다. 내 아이가 이유 없이 맞기라도 하면 당장 가서 그 아이에게 되갚아 주고 싶은 것이 솔직한 심정이다. 유인원 가운데 인간처럼 전두엽을 가지고 있는 고릴라가 있다. 인간은 전피질의 30퍼센트가 전두엽이다. 고릴라는 17퍼센트, 개는 7퍼센트, 토끼는 2.2퍼센트에 불과하다니 고릴라가 그나마 인간처럼 본능의 감정을 통제하고 이성적인 사고가 가능하다고 할 수 있겠다. 이런 고릴라도 자기 새끼를 죽인 존재는 분노에 차서 찢어 죽인다는 말을 들은 적이 있다. 전두엽이 지구상의 생물 중에 가장 많은 우리 인간도 분노를 통제하지 못해서 종종 비이성적인 행동을 하는 것을 보면, 전두엽을 활성화시키는 것은 죽을 때까지 훈련해야 하는 것이 아닌가 싶다. 내 아이가 누군가에게 괴롭힘이나 폭력을 당한 상황이라면 전두엽이 마비될 정도로 분노에 휩싸이는 건 어쩔 수 없다.

어느 날 딸아이가 울면서 내가 근무하는 학교로 전화를 했다. 친구들에게 이유 없이 맞았다며 배가 아프다고 서럽게 우는데 바로 달려가지도 못하고 분노와 걱정에 일이 손에 잡히지 않았다. 웬만해서는 잘 울지 않고 이해를 잘하는 속 깊은 아이인데 얼마나 억울하면 이럴까 싶었다. 다행히 시간이 좀 지나고 아이도 감정을 추스른 듯해 그제야 안도했다. 비로소 숨을 고를 수 있었다.

자초지종을 들어 보니, 피아노 학원에서 돌아오는 길에 단지 내에서 놀고 있는 두 여자아이에게 인사를 했단다. 다른 반이긴 하지만 얼굴을 아는지라 반갑게 "안녕?" 했을 뿐이라고 한다. 그런데 태권도복을 입은 두 아이가 다가와서는 다짜고짜 팔에 주먹질을 하더란다. 왜 때리냐고 소리치자 한 명이 딸아이를 잡고 다른 한 아이가 발차기로

배를 때렸다는 것이다. 순간 숨을 쉴 수가 없어서 쭈그리고 앉았고 두 아이는 웃으면서 가버렸다는 것이다. 초등학교 1학년들이 조직폭력배들이나 하는 일을 하다니 당장 쫓아가서 혼을 내거나 그 부모를 만나서 사과라도 듣고 싶었다. 아니 이유를 알고 싶었다. 하지만 아이들의 이름과 반만 알고 있는 상황이었다. 그 반 담임선생에게 전화를 할까 생각도 해 봤지만 남편이 하루만 더 참아 보라고 해서 딸아이에게만 신경을 썼다. 내가 해 줄 수 있는 일은 딸아이를 위로하고 무너진 자존심을 다독여 주는 것이었다.

딸아이 말을 들으니 그 아이가 아이들을 많이 때리고 다닌다고 했다. 가만히 두어서는 안 되겠다는 내 성격 특유의 정의감이 솟았다. 아울러 그냥 지나가면 더 강한 폭행이 있을 수도 있겠다는 불안감도 들었다. 다행인지 불행인지 다음 날이 내가 근무하는 학교의 재량 휴업일이었다. 무엇보다 왜 때렸는지 알고 싶었고 사과를 받고 싶었다. 그것이 딸아이의 상처를 아물게 하는 한 방법이라고 믿었다. 아이의 손을 잡고 등교를 했다.

그 아이 반 앞에서 딸아이와 기다리는 나를 1학년 부장이 보더니 무슨 일이냐고 물었다. 대강 이야기를 했더니 곧이어 가해학생의 담임선생님을 불러왔다. 담임선생은 내 얘기를 대강 듣자마자 "아, 정말, 걔는 맨날 사고를 치네요" 하며 얼굴을 잔뜩 찡그리곤 교실로 가서 아이를 찾았다. 그때부터 뭔가 일이 커지고 꼬이는 듯했다. 담임선생은 등교하는 그 아이와 우리 애를 교사 연구실로 데리고 가서 상담을 했고, 그동안 나는 교사 연구실 앞에서 죄지은 사람마냥, 극성스러운 엄마가 된 기분으로 서 있었다. 딸아이는 풀이 죽은 표정이었다. 선생님은 아이에게 사과를 시켰으니 집으로 돌아가라고 했다. 돌아오는 길이 내내 찜찜했지만, 학교나 그 엄마에게 전화가 오겠지 하고 기다렸다.

그러나 그날 집으로 돌아온 아이에게 물었더니 연구실에서 사과를 받지 못했다고 했다. 오히려 담임선생님이 자기 앞에서 그 아이를 엄청나게 혼내는 것을 지켜보며 숨을 못 쉴 정도로 무서웠다고 했다. 그냥 내가 간 뒤에 딸아이 담임선생님이 한 번 더 물어보고 아팠겠다며 위로하고 끝났다는 것이다. 이런 일은 비일비재하니 그냥 넘어가자는 신호인가 싶어 문득 서운했다.

고의로 아이를 잡고 배를 때리고 발차기를 하는 것은 분명 폭행이다. 아이가 그런 행동을 반복해서 한다면 분명 이유가 있을 것이다. 교사의 훈육으로 어렵다면 전문적인 상담으로 개입해서 행동이 반복되는 것을 막고 학교에 잘 적응하도록 해야 하지 않을까 답답했다. 그러면서 문득, 학부모들이 화가 나는 것은 '아이들이 이런저런 일 겪으며 자라는 거지, 뭐'라는 교사의 태도, '또 사고를 쳤군, 아이 짜증 나'라는 교사의 반응, '그냥 넘어가지, 귀찮네'라는 은연중의 메시지 때문이 아닐까 생각이 들었다.

더 큰 폭력이나 괴롭힘을 당한 부모들의 심정이 어떨까 싶었다. 이런 사안이 발생할 때 가해자가 한 일을 밝히는 것, 꾸중을 하거나 처벌을 하는 것, 다시는 하지 않도록 경고를 하는 것으로 끝나는 것만이 과연 바람직한가 싶다. 피해를 입은 아이들의 입장과 두려움, 자존심 회복에 대해서는 왜 살펴보지 않는지, 피해를 입은 아이들에게 따뜻한

말로 위로하고 이렇게 조치를 취했다는 설명과 앞으로 이런 일이 있을 때는 어떻게 하라고 알려 주고 안심시키는 말을 왜 생략하는지 답답하기만 하다.

교사들 사이에서 가장 진상인 학부모가 나와 같은 '교사 학부모'라고 하는 우스갯소리가 있다. 학교를 너무나 잘 알기 때문에 교사들의 조치 사항을 평가의 시각으로 바라보고 비난하고 건드리는 것이 껄끄럽기 때문일 것이다. 같은 동료 교사니까 이해할 줄 알았는데, 아는 것을 활용해 더 집요하게 요구하니 피곤해서 그럴 수도 있겠다. 그러나 뒤집어 생각해 보면, 동료 교사에게 불만을 받는다는 것은 결국 뭔가 시스템이 변화할 필요가 있다는 말은 아닐까? 일종의 해프닝처럼 끝났지만 난 어떻게든 그 부모의 전화번호를 알아내서 직접 전화를 걸어 해결하는 것이 옳았을까, 지금도 고민 중이다.

학부모 입장에서 '내 아이가 또 당하면 어쩌지?' '학교가 귀찮아하는데 어떻게 해결을 해야 하나?' 하는 막막함이 먼저 들 것이다. 아울러 다른 학부모들과 적극적으로 교류하고 있다면 '내가 아이를 잘못 키웠나?' '내 아이가 괴롭힘을 받았다니, 내가 못난 엄마인가?' 생각하기도 하고, 심지어는 '남편이 뭐라고 하면 어쩌지?' 하고 자기 비난에 빠지는 학부모도 있을 수 있다. 결국 모든 피해자 학부모는 피해학생만큼 상처 입고 있다. 학교로부터 따뜻한 위로를 받고 어떤 상황인지 명확하게 듣고 싶어 한다. 사과와 이후의 과정에 대해서 안내받길 원한다. 피해학생만큼 마음이 아프고 속상하며 불안하기 때문이다. 부모의 입장에서 알고 싶고 듣고 싶은 점을 좀 더 섬세하게 챙기는 여유 있는 학교가 되면 좋겠다. 아울러 그런 학교의 한 일원으로서 나 또한 내가 느낀 심정을 잊지 말고 피해 학부모의 입장을 배려하고 행동해야겠다는 다짐도 해 본다.

가해학생 엄마로서 느끼는 학교폭력

아이를 키우는 과정에서 부모가 배우는 것은 '겸손'인 것 같다. 신은 나에게 인생의 모든 맛을 느끼게 하기 위해서 자식을 주셨다는 생각이 든다. 기쁨, 행복, 뿌듯함만큼 좌절과 슬픔, 당황, 나아가 부끄러움을 주기도 한다. 이 과정에서 다른 아이와 그 부모의 입장을 함부로 재단하는 버릇을 고치고 좀 더 다른 각도에서 보려고 노력하는 관용의 마음을 배우게 된다. 학교폭력과 관련해 내 아이가 연루되는 경우가 있다. 심한 경우가 아니라면 마음 한편에 내 아이가 가해자가 아닌 것이 부모로서는 더 떳떳한 면이 있기는 하다. 가해자가 되었을 때 내 아이의 행동과 마음도 챙겨야 하고 피해학생은 더 챙겨야 한다. 무엇보다 죄송하다며 용서를 빌어야 하는 상황은 생각만 해도 아찔하다. 하지만 신은 나에게 겸손을 가르치기 위해 역시나 본의 아니게 가해자의 입장이 되도록 하셨다.

첫째 아이를 근무하는 학교에 데리고 다니다가 근무지를 옮기면서 집 근처 학교로 보냈다. 결국 아들은 4학년 때 전학을 가게 되었다. 전 학교에서는 큰 말썽 없이, 선생님들 말씀도 잘 듣는 편이고 친구 관계도 괜찮았다. 내가 출장에서 늦게 오면 1학년 때부터 알고 지내는 친구들 집에 놀러 가서 밥도 얻어먹는 대범함도 보여서 내심 안심하고 있었다. 1학년 학부모들은 아이의 친구를 만들어 주기 위해 일부러 공원에 나가서 엄마들끼리 활발하게 교류하고 반 모임에도 열심히 나간다. 난 그렇게까지 억지로 친구를 만들고 싶지도 않고, 그럴 여유도 주변머리도 없어서 친구 사귀는 것은 아이에게 맡겼다.

하지만 전학 첫날 내가 보았던 교실 속 아이의 행동과 주변 남학생들의 행동은 알 수 없는 불안감을 주었다. 수업이 없어서 특휴를 내고 딸아이의 입학식에 갔다가 학교로 돌아가기 전에 혹시나 하는 심정으로 아이 반을 찾았는데 마침 문가 근처에 있는 아이를 운 좋게 볼 수 있었다. 아이들은 무엇인가를 그리고 있는 중이었다. 우리 아이는 색이 잘 칠해지지 않는지 면봉으로 뭉개듯이 그리고 있었다. 그런데 옆에 앉아 있는 모둠 남학생들이 히죽거리며 우리 애를 이상하게 쳐다보았고 서로 눈짓을 교환하더니 손가락으로 몰래 가리키며 비웃었다. 순간, 이미 서로 친한 아이와 그렇지 않은 아이들이 나뉘어 있는 집단에 우리 아이가 이방인으로 들어왔다는 것을 느꼈다. 갑갑함과 안쓰러움, 엄마로서 슬픔이 밀려왔다. 뛰어 들어가 너희들 그러는 거 아니라며 한마디 해 주고 싶은 마음을 꾹 참았다. 그때 갑자기 담임선생님이 나와서 무슨 일이냐고 물었고, 순간 꿈에서 깨어나듯 죄송하다고 말하면서 누구 엄마인데 잘 부탁드린다고 했다. 그러자 아침에 아이 아빠와 잘 이야기했으니 걱정 말라고 했다. 웃음기 없이 말하는 담임선생님의 반응을 보며 실수했구나 싶었다.

그리고 한 달 후 아이는 반 아이들이 예전 학교 아이들보다 거칠다고 했다. 전 학교의 친구들을 그리워하는 것 같았지만, 다행히 선생님이 공정하고 친절하다면서 괜찮다고 했다. 전학생들이 겪는 감정의 통과의례라고 생각하고 견디리라 믿었다. 그러다 저녁밥을 먹는데 아이가 반 아이들 앞에서 공개적으로 사과했다는 말을 꺼냈다. 급식 시간에 앞에 서 있던 같은 반 여학생을 때렸다는 것이 이유였다. 자기는 때리지 않았는데 주변 아이들이 '때린 것 같다'고 해서 그냥 상황을 빨리 끝내고 싶은 마음에 사과를 했다는 것이다. 그때 나도 새 학교에 적응하느라 바쁠 때여서 그 말을 심각하게 받아들이지 않았다.

"(앞에서 공개 사과라, 이상하군.) 전학 와서 아이들이 네 좋은 점을 잘 몰라 그래. 좀 친해지면 괜찮겠지. 담임선생님은?"

"응, 그냥 나를 믿는다고 따로 불러서 말씀하셨어. 그래서 그냥 애들 앞에서 공개 사과했어."

"그래? 엄마가 전화를 걸어 봐야 할까?"

"아니, 이미 끝났다니까. 걔도 사과받는다고 했고."

좀 미심쩍기는 했지만 잘 해결되었거니 하고 넘어갔다. 사과를 했고 사과를 받았다는데, 무엇보다 아이가 때리지는 않았지만 위협하는 상황이었을까 생각하며, 그런 것을 공개 사과까지 시키는 선생님이 참 공정하구나 생각하면서 그냥 지나갔다.

그런데 며칠 후 담임선생님에게 전화가 왔다. 여학생 엄마에게 전화를 해서 사과하라는 말이었다. 사안이 정확하지 않은데 엄마가 계속 딸이 맞았다고 주장하니 일단 사과를 해서 화부터 가라앉히자는 말이었다. 피해는 당해 보았지만 가해자가 된 경우는 난생처음이기에 얼떨

떨하기만 했다. 여학생 엄마에게 전화를 했더니 아주 날카로운 목소리로 쏘아붙였다.

"아이가 우리 아이 목을 졸랐어요. 아세요? 우리 아이가 와서 대성통곡하며 무서웠다고 하는데, 그것도 모르세요? 아이가 말 안 해요?"

순간적으로 학폭위 가해학생이 될 수도 있겠구나 두려웠다. 전후 사정 생각도 않고 용서를 빌었다.

"죄송합니다. 아이가 전학을 와서 아직 적응을 못 해서 친구도 없고 그런 상황에서 스트레스가 있었나 봅니다."

"아이가 때린 것도 모르고 무슨 엄마가 그래요?"

"직장 생활이 바빠 그랬네요. 죄송합니다."

"직장 다닌다고 애를 못 챙기나요? 아이가 폭력적인가 본데 신경 좀 쓰세요! 무슨 엄마가 아이랑 대화도 안 하나 봐!"

"예?…… 죄송합니다. 아이와 이야기해 보고 다시 연락드리겠습니다. 따님이 많이 놀랬나 봅니다. 우리 아이도 여동생이 있어서 그런 아이는 아닌데…… 아무튼 죄송합니다."

"무슨 아이가 목을 졸라요? 치료받아야 하는 거 아니에요?"

"…… 예? 예, 아이에게 들어 보구요. 죄송합니다."

내 말에 대꾸도 없이 전화를 뚝 끊었다. 전화를 끊고 나서야 며칠 전 아이가 말한 것이 이 사건이라는 것을 알아챘다. 전화를 받는 중에는 당황과 두려움에 생각이 연결되지 않았다.

담임선생님에게 다시 전화를 걸어서 전후 사정을 물어보았다. 여학생은 우리 애가 목을 때렸다고 하면서 선생님에게 신고를 했고, 아이는 그런 일 없다고 해서 목격자를 찾은 모양이다. 뒤에 있던 아이들이 때린 것 같지는 않고 태권도 동작으로 손을 머리 쪽으로 대는 것 같다고 했다는 것이다. 그래서 공개 사과를 시키며 마무리했다고 했다. 담임선생님은 다행히 우리 애의 활달하지만 순한 성격을 잘 알고 있었다. 다른 아이들처럼 욕도 하지 않고 과격한 행동도 안 하는지라 아이의 말을 믿는데, 여학생 엄마가 CCTV라도 있으면 조사해 보고 싶다, 아이가 날마다 집에 와서 울면서 목을 졸려서 아프다, 무섭다고 하면서 운다고 대책을 세우라고 했다는 것이다. 그래서 나에게 전화를 한 것이고 엄마끼리 통화해서 사과를 주고받는 게 맞는 것 같아서 며칠이 지나고 전화를 했다는 것이다.

아이와 저녁에 이야기를 했다. 내 아이의 입장에서 말한 경위는 이렇다. 급식실에서 줄을 서 있는데, 아이들이 너무 떠들고 질서도 지키지 않아서 의협심에 앞에 서 있는 학급 부회장인 여학생에게 "너 부회장인데, 아이들 좀 조용히 시켜야 하지 않아?" 했단다. 여학생이 모르는 척하며 다른 아이들과 '쎄쎄쎄'까지 하며 더 크게 떠들더란다. 순간 무시당하는 느낌이 들어서 "내 말이 안 들려?" 하니 갑자기 아이를 쳐다보며 "너는 우리 엄마 말 한마디면 이렇게 끝장이야, 알아?" 하면서 목을 긋는 시늉을 했단다. 갑자기 엄마를 들먹이며 위협하자 화가 나서 "이게!" 하며 손을 태권도 '지르기'처럼 만들어서 사선으로 치는 시늉을 했다고 한다. 여학생의 키가 많이 작아서 아래에서 보면 충분히 위협으로 느낄 수 있었을 것이다. 여학생도 씩씩대고 우리 애도 씩씩대며 그렇게 지나갔는데, 여학생이 담임선생님에게 말을 하면서 그 자리에서 목격자도 찾고 사건 경위를 밝히게 되었단다. 목격자라고 하는 아이들은 우리 애 뒤에 있었던 아이들이고 둘 다 그 여학생과 친한 여학생들이었다. 담임선생님이 여러 번 묻자 고개를 갸우뚱거리며 애매하다고 말을 흐렸다고 한다.

다음 날 아침에 다시 연락을 했다. 솔직히 나도 CCTV가 있으면 정말 목을 졸랐는지 밝히고 싶을 지경이었다. 하지만 일단 아이가 놀랐다고 하니 미안하다고 했다. 우리 아이가 의협심에 오지랖 넓어 참견하다가 그런 것 같다고 하면서 말끝에 아이가 한 말("…… 끝장이야")을 전했다. 펄쩍 뛰면서 그런 말을 할 아이가 절대 아니라며 또 언성을 높였다. "아무튼 한 번 더 이런 일이 있으면 가만히 있지 않겠어요!"라며 윽박지르며 전화를 끊는데 너무나 속이 상했다. 내가 내 아이를 믿듯이 그 엄마도 아이를 믿었을 것이다. 그러나 같이 아이 키우는 처지에서 일방적으로 몰아붙이는 모습에 당황과 슬픔을 넘어 내 아이가 그렇게까지 잘못한 게 아닌 것 같은데, 하는 생각에 울분이 느껴지기도 했다.

지금도 생각하면 무엇이 그렇게 두려워서 자초지종을 따지지 못했는지 의문스럽다. 아마도 교사인 엄마로서 아이를 제대로 키우지 못해서 가해자가 되었다는 것에 마음속 깊이 수치심을 느꼈던 것 같다. 그러나 나는 내 아이의 엄마가 되어야 했다. 지금 생각하면 내 아이가 받았을 상처를 좀 더 감싸 주고, 담임교사에게도 좀 더 세밀하게 조사하도록 요청했어야 했다. 그것이 사실이라면 진심으로 용서를 구하고 아이와 더 깊은 대화를 통해 왜 그렇게 행동했는지 원인을 생각해 보아야 했다. 남에게 위협을 주는 행동이라면 그런 과한 행동에 대해서 이야기를 하고 함께 고치려고 노력하는 것이 올바른 방식이었을 것이다. 내 아이에게 '네가 그럴 리 없다, 하지만 만약 그랬다면 용기 있게 시인하고 진심으로 사과하도록 하자. 엄마가 같이해 줄게'라고 진심으로 말했어야 했다.

그리고 만약 오해라면, 무작정 내 아이를 폭력적인 아이로 몰아붙이며 소리 지르는 상대 엄마와 직접 만나서 대화를 했어야 했다. 그 엄마의 불안(또 내 아이가 때릴지도 모른다는)을 풀어 주는 의미에서 아이를 보여 주는 것도 좋았을 것이다. 혹시나 사실이면 어쩌지 하는 불안감이 사건에 직면하는 것을 막아버린 것이다. 가해자로 분류되는 엄마로서 필요한 덕목은 초연함과 용기라는 것을 두고두고 생각하게 된다.

2년이 지난 지금, 학교에서 일어나는 자잘한 학교폭력 사건들을 접하다 보면 가해자로 신고되는 경우가 전학생일 때가 많다. 학급마다 전학생보다 더 기괴하거나 친구를 괴롭히는 아이들이 있는데, 그 아이들은 1학년 때부터 '그런 아이'라는 인식 속에서 쉽게 용서를 받는다. 그러나 중간에 전학 온 아이들을 대하는 태도는 사뭇 다르다. 외부에서 전학 온 아이들은 그 학급 아이들뿐만 아니라 학부모들에게도 일단은 경계의 대상이 된다. 온전하게 이해를 받지 못하고, 어떤 사건이 벌어지면 처음부터 함께한 아이들보다 더 강하게 압력을 받는다. 내 아이의 경우처럼 아이들이 텃새를 부린다는 느낌을 지울 수가 없다. 나와 다른 것에 대해서 수용하는 태도, 기다려 주는 태도가 유독 인색한 학교 사회라는 생각이 든다.

아이를 키운다는 것은, 내 아이와 이웃집 아니 모두 귀하고 함께 안전하게 지켜 주어야 하는 것임을, 학교와 마을이 함께 키우는 것임을 새삼 깨닫는다. 그러기 위해서는 어른으로서 아이들의 마음을 이해해 보려는 관용이 필요하다는 생각도 하게 된다.

칼릴 지브란의 〈아이들에 대하여〉라는 시가 있다. 미래의 집에 살고 있는 아이들을 오늘의 우리 어른들이 완전히 이해할 수는 없다. 다만, 그들을 이해하려는 공감의 자세와 미래의 과녁을 향해 잘 날아가도록 상처를 돌보아 주는 겸손하고 사려 깊은 어른으로서, 기꺼이 구부러지는 활이 되어야 할 것이다. 나 스스로가 아이들을 위한 견고한 활이 되기 위해 아이들의 고통인 학교폭력을 더 깊이, 더 넓게 이해하고자 했다. 어른다운 어른으로서 견고한 활을 꿈꾸는 어른들이 더 많아지기를 바란다.

트라이앵글의 심리

피해자, 가해자, 방관자의 마음으로 읽는 학교폭력

1판 1쇄 | 2018년 11월 23일   1판 4쇄 | 2020년 10월 12일

글쓴이 | 이보경
펴낸이 | 조재은
편집부 | 김명옥 육수정
영업관리부 | 조희정 정영주

편집 | 김명옥   디자인 | 정은경디자인

펴낸곳 | (주)양철북출판사
등록 | 2001년 11월 21일 제25100-2002-380호
주소 | 서울시 마포구 양화로8길 17-9
전화 | 02-335-6407   팩스 | 0505-335-6408
전자우편 | tindrum@tindrum.co.kr
ISBN | 978-89-6372-284-9 03370   값 | 15,000원